Maximilian Renz

Abenteuer Transsib

Maximilian Renz

Abenteuer Transsib

Von Moskau nach Wladiwostok
Im September 1995

Impressionen und „Selbstgespräche“
aus, von und entlang
der Transsibirischen Eisenbahn

TEBBERT

Die Deutsche Bibliothek - CIP-Einheitsaufnahme

Renz, Maximilian:
Abenteuer Transsib /
Maximilian Renz. - Münster/Westf. : Tebbert, 1998
ISBN 3-89738-015-3

ISBN 3-89738-015-3

Titelbild: M. Renz
Umschlaggestaltung: M. Keruska
Lektorat: T. Laus
Printed in Germany 1998

„Gerade so muß man durch flache Länder reisen. Es scheint, als liege Stadt an Stadt; nun kommt eine, nun wieder eine! man kann sich recht den Flug der Zugvögel dabei vorstellen, so müssen auch sie die Städte hinter sich lassen. Die auf gewöhnliche Weise Fahrenden, welche man auf den Seitenwegen sieht, scheinen still zu halten, die Pferde vor den Wagen heben die Füße, aber sie setzen sie scheinbar auf denselben Fleck nieder, und wir sind an ihnen vorbei."

Aus: „Die Eisenbahn"
von
Hans Christian Andersen
1843

Meinen Reisegefährten aus der
TRANSSIB

zur Erinnerung
an eine große Reise

Inhalt

„Und ich habe mir vorgenommen, ... die Züge mit den verzaubernden Namen zu benutzen: den Orientexpreß, den North-Star, die Transsibirische Eisenbahn."

Paul Theroux

Zum Inhalt

„Abenteuer Transsib“ präsentiert über einen Zeitraum von knapp zwei Wochen die unmittelbaren Reiseeindrükke des Verfassers. Aus dem Stegreif auf Band gesprochen und ohne inhaltliche Änderungen zu Papier gebracht, sollen sie dem Leser das Gefühl vermitteln, selbst am Abteilfenster zu stehen - die Reise selbst zu erleben. Durchweg wird „live“ berichtet - von der verschwenderischen Farbenpracht der schon herbstlich leuchtenden Taiga ebenso wie von einer kleinen Reisegruppe, ihren Aktivitäten inner- und außerhalb des Zuges bis hin zu verschiedenen Begegnungen mit Zugpersonal, Bahnsteighändlerinnen und anderen Einheimischen. Ein Picknick an der Angara, die Busfahrt zum Baikalsee, der Besuch des Limnologischen Instituts und von Museen, mit Ausflügen in die ländlicher Umgebung finden in gleichem Maße Erwähnung wie eine beeindrukkende Flußfahrt auf dem 3 km breiten Amur bei Chabarowsk. Der Leser kann sich auf die Uferpromenade eines ungeheueren Flusses versetzt fühlen, Angler, Passanten und Schiffsverkehr beobachten oder, an die Balustrade gelehnt, den Sonnenuntergang verfolgen. Er wird lesend die temperamentvolle Stadtführerin ELENA kennenlernen; desgleichen erfahren, wie Reiseleiter ANATOL rettend mit der Notbremse eingreift, und wie der Verfasser - ob in charmanter Begleitung oder nur mit dem Diktiergerät - über den eleganten Karl-Marx-Prospekt in Chabarowsk flaniert, ein Kaufhaus besucht, darin Bekanntes findet und das geschäftige Treiben auf diesem vor Leben nur so sprühenden Prachtboulevard kommentiert. Mit den Anmerkungen zum letzten Teilstück der Strecke entlang des Ussuri sowie der Beschreibung einer Stadt- und Hafenrundfahrt mit dem ausreisebereiten „ALEX“ in Wladiwostok endet „Abenteuer Transsib“.

Für Ratschläge, Warnungen, etc. ist in „Abenteuer Transsib“ kein Platz vorgesehen. Tabellen, Fußnoten - gibt es nicht. Der Leser soll seine Phantasie ungehemmt auf Reisen schicken. Hinweg über 20 Millionen Schwellen - um ein Viertel der Erde.

Koblenz, im Dezember 1996
Der Verfasser

Teil 1: Moskau - Irkutsk

Abfahrt: Jaroslawer Bahnhof, 21.15 Uhr

Unser Zug, der „BAIKAL“, ist pünktlich um 21.15 Uhr von Moskau abgefahren. Ich habe noch einen Reisegefährten ins Abteil bekommen. Einen Juristen, Endfünfziger, der schon zwölf mal mit der Transsib gefahren ist und später den Spitznamen „Professor“ haben wird. Er hat das Bett links oben. Ich habe mich rechts unten eingerichtet. Das rechte obere Bett ist hochgeklappt. Das linke untere benutzen wir als Ablage. Zu zweit kann man sich im Viererabteil der 2. Klasse ganz gut arrangieren. Zu viert würde es eng werden. Wir haben zwar beide Erster Klasse gebucht, doch hat dieser Zug keine Zweibett-Abteile mehr für uns, und wo nichts ist, hat auch der Zar das Recht verloren. Das Moskau-Programm war vor Ort gespreizt worden, so daß die Zeit für den gebuchten Zug zu knapp wurde. Die in Moskau vertrödelte Zeit wird uns in Irkutsk, der ersten Etappe unserer Reise, fehlen. Dort werden wir jetzt nicht schon um 9.00 Uhr morgens, sondern erst am frühen Nachmittag dortiger Zeit eintreffen. - Vor uns liegt ein Viertel des Erdumfangs - „ABENTEUER TRANSSIB “ hat begonnen...

Donnerstag, 14. September

Es ist 7.00 Uhr Moskauer Zeit, und wir fahren bei sommerlich schönem Wetter durch die offene Landschaft. Für den ganzen Eisenbahnbetrieb gilt auf Bahnhöfen wie in den Zügen Moskauer Zeit (MEZ + 2 Std.). Ich versuche mal, ob ich im Speisewagen, der gleich hinter unserem Wagen (Nr. 5) läuft, einen Kaffee bekomme. Fehlanzeige! Es wird erst um 9 Uhr aufgemacht, und dann gibt es sowieso Frühstück. Mein Abteilgefährte hat einen 1000 Mark teuren Schlafsack, der offen ausreicht, den halben Waggon einzuwickeln und mit dem er ewig am Kämpfen ist, weil die Hälfte ständig bis zum Boden runterhängt. Beim Hochziehen hat er damit den Tisch am Fenster abgeräumt, wobei es mir nur mit Mühe gelang, seine teure NIKON zu retten. Doch jetzt kommt SWETLANA PETROWNA, unsere adrette Schaffnerin, und sagt, daß zum Frühstück gedeckt sei; d.h. es gelingt ihr, uns das verständlich zu machen. Ihr Name steht auf der Tür des kleinen Kabäuschens, das ihr als Dienstabteil zur Verfügung steht, und in das, außer ihrer selbst, nicht viel hineinpaßt. Ich habe mal anhand des Fahrplans, der hier ausliegt (aber nur in kyrillischer Schrift) die Fahrzeit bis Irkutsk ausgerechnet. Es sind 84 Stunden. Also müßten wir sonntags gegen 9 Uhr Moskauer Zeit ankommen. Im Moment befinden wir uns im Bereich eines Bahnhofs und fahren ziemlich langsam. Mal sehen, wo wir heute das erste Mal halten werden. Unser Zug ist durchgehend aus blauen Wagen gleichen Typs zusammengestellt, und es ist diese Einheitlichkeit, die seinem äußeren Erscheinungsbild sehr zugute kommt. Manche nennen ihn „Blauer Enzian“, andere „Blue Train“. Dabei ist er über jeden Vergleich erhaben, denn welche Bahnlinie der Welt kann sich in bezug auf Nimbus schon mit der TRANSSIB vergleichen? Man könnte allerdings einwenden, daß es eine Transsib nicht mehr gebe, denn es verkehrten jetzt ja mehrere Züge. Das jedoch ist für uns unerheblich. Draußen zieht ein Dorf an uns vorbei. Eine Frau mit einer Einkaufstasche kommt auf den Bahnübergang zu. Andere Leute laufen am Nachbargleis entlang. Fernsehen haben anscheinend alle. Selbst auf der letzten Hütte ist eine Antenne. Es ist kurz vor 10.00 Uhr. Das erste Frühstück im Zug haben wir hinter uns. Es gab Brot, Kochsalami, Käse, zwei Eier und etwas Butter. Dazu Tee oder Pulverkaffee. Es war ganz ordentlich. Der Speisewagen ist mit künstlichen Blumen und Zweigen hübsch dekoriert und hat an jedem Ende über der Tür einen Monitor für Videofilme, die ununterbrochen vorgeführt werden. Reisenotizen lassen die überlasteten Geleise der transsibirischen Eisenbahn nur in Form eines Gekrakels zu. Die Fahrt ist einfach zu unruhig. Schon aus diesem Grund habe ich meinen Mikrorecorder mitgenommen, um meine Reiseeindrücke auf Band sprechen zu können. Dabei muß ich allerdings aufpassen, unbeobachtet zu bleiben, auf daß niemand glaube, ich führe Selbstgespräche. Auf dem Bahnhof von SCHARJA, wo wir inzwischen (8.35 Uhr) hielten, habe ich ein paar Fotos gemacht und jetzt werde ich in den Speisewagen gehen und mich mit meinen Mitreisenden, die ich ja noch gar nicht weiter kenne, ein bißchen unterhalten. Wir sind eine Gruppe von 20 Personen, von denen ich eine ältere Dame, etwa mein Jahrgang, die mit ihrer schon erwachsenen Enkelin reist, bereits im Flugzeug von Frankfurt nach Moskau kennengelernt habe, als ich nach „Olympia-Reisenden" fragte.

Es ist halb zwölf. Ich habe ein bißchen geschlafen, bin aber wach geworden, als der Zug hielt. Drei Minuten Aufenthalt, heißt es; wir stehen aber noch immer. Draußen laufen ein paar Mütterchen auf und ab, die mit Blumen an den Zug gekommen sind. Sie werden aber keine los, weil die Fenster nicht aufgehen, und die Reisenden bei so kurzen Halten auch nicht raus können. Außerdem wird immer nur eine Tür an einem Ende des Wagens geöffnet; die anderen drei bleiben zu. Das Wetter ist schön, und die Landschaft wird noch immer nicht langweilig. Nun - wir fahren ja auch erst einen Tag, das heißt, noch nicht mal einen Tag. Es wird auch hier und da gebaut, aber ansonsten könnte alles noch so aussehen wie vor 100 Jahren - wenn nicht wie vor 200 Jahren, sähe man von den Lichtleitungen und Fernsehantennen ab. Die Geschwindigkeit des Zuges dürfte zur

Zeit etwa 60 km/h betragen, mehr nicht. Die Schienen der nichtgeschweißten Geleise sind, wie am Nachbargleis zu sehen, 15 bis 25 Meter lang, also relativ kurz, und dementsprechend ist auch die Häufigkeit der Stoßgeräusche. Aber das gehört schließlich zu dieser Fahrt. Man fährt ja nicht mit der Transsibirischen Eisenbahn, um zu glauben, in einem ICE heimatlicher Bahnen dahinzugleiten. Draußen jetzt Birkenwälder, immer mehr Birkenwälder, endlose Birkenwälder. - Wieder kommt eine bäuerliche Ansiedlung. Diesmal die Häuser in etwas besserem Zustand. Mit Anstrich. Ein breiter Feldweg läuft parallel zur Bahn. Man sieht aber kaum Menschen, obwohl es doch schon Mittag ist. Auch auf den Wegen fährt hier niemand. Vorhin war da eine Baustelle. Da war ein Betontransporter zu sehen. Pferdefuhrwerke sieht man jedoch nicht. Möglicherweise ist es hier nicht anders als vereinzelt auch bei uns, wo in abgelegenen Dörfern nur noch die Alten im Ort geblieben, die Jungen aber abgewandert sind. Jetzt mal eine Überlandleitung und wie zur Abwechslung ein beschrankter Bahnübergang mit moderner Halbschranke. Also die hätte ich hier nicht erwartet. Und da kommt auch wieder ein Bahnhof. „WOKSAL" ist das russische Wort dafür - nach dem englischen VAUXHALL, von dem, der Legende nach, ein russischer Eisenbahnpionier auf Informationsreise in England geglaubt hatte, es sei das Wort für „Bahnhof", und nicht der Stationsname, der daraufhin als Lehnwort ins Russische Eingang und Verewigung fand. - Es ist 12 Uhr. Wir passieren erneut einen kleinen Ort. Am Bahnsteig stehen viele Leute, die alle auf ihren Zug warten. Es ist ein hübsches, kleines Dorf. Eine Frau kommt aus unserer Fahrtrichtung mit einem kleinen Mädchen an der Hand die Geleise entlang. Das Mädchen, mit einer lustigen Pudelmütze, lacht und winkt uns zu. Ich winke zurück. Ein kleiner, weißer Hund - Promenadenmischung mit Ringelschwanz -

rennt kläffend neben uns her, und nur die etwas dürre Kuh, die dösig auf einem Stück Wiese neben dem Bahnhofsgebäude grast, nimmt keine Notiz. - Was an uns sollte ein Rindvieh auch interessieren? Bahnhöfe scheinen jetzt in dichter Folge zu kommen. Wieder einer! Mit großen Stapeln Schamotteziegeln auf dem Gelände. Dazu Kohle auf hohen Halden und Unmengen alter Schwellen. Eine Baukolonne taucht auf. Mit nagelneuem Gerät. Gleis-, Beschotterungs-, und Stopfmaschinen etc. Inzwischen nähern wir uns KIROW. Wir müßten bald dort sein. Zehn Minuten danach soll es Mittagessen geben. Vor uns auf einem anderen Gleis wartet eine neue grünlackierte Güterzuglokomotive auf Ausfahrt. Wir sind schon im Bahnhofsbereich von KIROW. Rechts ein Elektrizitätswerk, dahinter eine große Fabrik. Eine Straße führt über die Bahnanlagen, und jetzt kommen große Wohnblocks in Sicht. Die üblichen Hochhäuser, bei deren Anblick verhinderten Architekten immer „das kalte Entsetzen ob deren Seelenlosigkeit" über den Rücken läuft. Daß die Menschen, die jetzt in diesen Häusern wohnen, keine „Seelenarchitektur", sondern ein Dach über den Kopf brauchten und wie glücklich sie eingedenk ihrer vorherigen Behausungen waren, dort einziehen zu dürfen (!), bedenken diese Kritiker nicht; wie sie ja auch nicht erklären, wo ein ländliches Klo mit vom Benutzer (!) zu entleerender Senkgrube am Ende eines Hofes die „Seele" haben soll, um die der nunmehrige Hochhausbewohner trauern könnte. - Viele der Blocks sind noch im Bau und stehen zum Teil auf Parzellen mit den alten Holzhäusern zusammen, die abzureißen man hier und da schon begonnen hat. - Der „Kapusta" (Weißkohl) steht gut in den Gärten. Prall und rund sind die Köpfe. Eine Frau ist gerade dabei, einige abzuschneiden. Wir laufen ein in KIROW. Wieder Gleisbauarbeiten mit neuem Gerät. Triebwagenzüge der Lokalbahn und Arbeitszüge mit z.T. neuen Waggons. Hier haben wir eine Viertelstunde Aufenthalt zum Beinevertreten und Fotografieren. Ich steige mit den beiden Bayern aus, die ein Abteil weiter miteinander reisen und die sich schon von der Bundeswehr her kennen. Zwei „g´standene Mannsbilder". Beide an die fünfzig, umgänglich und unkompliziert; von der Sorte Mensch, in deren Gesellschaft man sich sofort wohlfühlt. Ich gehe nach vorne an die Lok (eine tschechische 4C4 T mit der Nr. 400), wo Anatol, unser russischer Reiseleiter, ein Foto von mir an der „Pufferbohle" macht - die ich in Anführungszeichen setze, weil sie bei Automatikkupplung keine Puffer hat. Wir sind, ich habe richtig gezählt, eine Gruppe von zwanzig Personen. Neben drei Ehepaaren im Rentenalter gibt es noch zwei paarweise Reisende - die forsche Großmutter mit ihrer Enkelin, die ich schon im Flugzeug (IL 86 der Aeroflot) getroffen habe, dann ein noch sehr junges Pärchen, das die Reise von den Eltern zum bestandenen Abitur geschenkt bekommen hat, drei einzelne Damen und sieben Männer, von denen fünf, darunter ich, jeder für sich allein fährt. In unserem Wagen (Nr. 5) sind aber nur sechs Personen der ganzen Gruppe; die übrigen fahren im ersten Wagen, und dort ist auch ANATOL untergebracht - unser russischer Reiseleiter; ein junger Mann, Ende 20, der hervorragend Deutsch spricht. Wir sind, wie gesagt, in KIROW, und ich steige ein zweites Mal aus, um noch ein paar Fotos zu machen. Es ist gegen Mittag. Der Himmel ist blau mit vereinzelten großen weißen Wolken. Unser Bahnsteig, Nummer wissen wir nicht, liegt im Schatten. Wir stehen zwischen anderen Zügen, die die Sicht nur zu der großen Fußgängerbrücke freigeben, die das ganze Bahngelände zu überspannen scheint und die riesigen kyrillischen Lettern für KIROW trägt, die sich im Gegenlicht schwarz vom Himmel abheben.

Mittagessen ist inzwischen vorbei. Es gab Borschtsch, danach Kurzgebratenes mit Kartoffelbrei und zum Nach-

Die ersten 1.000 Kilometer: Schnellzug „BAIKAL“ in Kirow

tisch eine (deutsche) Schokowaffel, deren Verfallsdatum sich ziemlich nahe um meinen Einschulungstag herum bewegte, und anschließend Kaffee. Auf den Borschtsch waren wir ja alle gespannt und dann auch alle angenehm überrascht. Er schmeckte wirklich gut, wie alles, was die Küche selber kochte. Unter den Singles befindet sich übrigens „Margarete“, eine pensionierte Studienrätin aus Leobschütz, das als Nachbarort meiner Heimatstadt Jägerndorf gleich jenseits der tschechisch-deutschen Grenze im jetzt polnischen Schlesien liegt, und von dem zu meiner Zeit täglich zwei Züge eintrafen, deren reichsdeutsche Lokomotive „die preußische Bim-Bam“ hieß, weil sie, statt zu pfeifen, eine Glocke läutete. - Der Zug fährt wieder. Er fährt über flaches Land. Das Geräusch der Räder auf den Schienen und des Windes ist längst zu vertrauter Monotonie geworden, wohltuend zum Einschlafen, und deshalb zeichne ich es jetzt mal auf Band auf (dessen Inhalt ich später abschreiben werde). Dazu gehe ich extra auf die Pufferbrücke zwischen den Wagenplattformen, wo die Schienenstöße sich besonders laut bemerkbar machen. Wie gesagt, gibt es hier nur kurze Schienen mit offenen Stößen. Geschweißte Geleise sind wahrscheinlich gar nicht zu verwirklichen. Aber so laut das Geräusch zwischen den Plattformen auch ist - in den Abteilen ist es nur schwach zu hören. Das spricht für die gute Schallisolierung der Wagen, die technisch einer Wärmeisolierung entspricht, die mit extremen Minustemperaturen und glühender Hitze gleichermaßen fertig werden muß. Der Zug fährt mittlerweile wieder schneller, an die 90 km/h, schätze ich. Links liegen abgeerntete Felder. Zwischendurch ein paar schwarzbunte Kühe. Auf der Schotterstraße neben dem Gleis steht ein Motorrad mit Beiwagen. Verlassen - Büsche sind nicht weit ... Links voraus ist eine sich nähernde Ortschaft zu erkennen. Der Tisch unter dem Abteilfenster läßt sich nicht wegklappen und erschwert so den Blick nach vorn. Vom Gangfenster aus sieht man besser. Es ist 14.30 Uhr Moskauer Zeit. So in sechs Stunden werden wir Europa verlassen. Das erste Mal für mich auf dem Landwege. Nein - stimmt nicht! Ich bin ja schon mal bei Istanbul über die Bosporusbrücke gefahren. Laufen war verboten. (Sonst laufe ich immer über bekannte Brücken - und sei es von Washington D.C. bis Virginia.) Da kommt ein Bahnhof: SUERKA, wenn ich das richtig entziffert habe. Die junge Frau, die mit ihrer Großmutter reist, unterstützt mich beim „Lesen" und meint schmunzelnd, es sei richtig. Sie habe mal Russisch gehabt. Schwer zu sagen, wo das Bahnhofsgebäude sein könnte. Ich gehe mal auf die andere Seite. Auf dem Nachbargleis steht eine fabrikneue Diesellok. Der bekannte russische Wissenschaftler Lomonossow, hat ja in Zusammenarbeit mit deutschen Lokomotivbauern der Maschinenfabrik Esslingen viel für die unverzichtbare Einführung der Diesellokomotive bei der Eisenbahn der damaligen Sowjetunion geleistet und die Grundlagen für den russischen Diesellokbau geschaffen. - Der Zug bremst und scheint zu halten. Wieder Gleisbaumaschinen und -züge draußen. Alles ziemlich neu. Zum zweiten Mal sehe ich so eine Glieder-Elektrolok mit der Achsfolge 0B - 0B - 0B - B0, also 4 x zwei Treibachsen ohne Laufachsen. Es sieht aus, als könnte sie in zwei vierachsige Loks für leichtere Züge geteilt werden. Da, das Stationsgebäude - SUERKA. Ich hatte richtig gelesen. Da steht auch eine Dampflok. Als Denkmalslok toll aufgeputzt. Aber wir halten wohl doch nicht. - Jetzt sind wir auf einem ziemlich holprigen Geleisabschnitt. Aber so wankend und schwankend wie mit der SANTA FE vor sieben Jahren von SAN DIEGO nach LOS ANGELES bin ich hier noch nicht gefahren. Bis jetzt jedenfalls nicht. Rechts bereits Felder, links noch Wirtschaftsgebäude; aber auch kleine Wohnhäuser, ca. 100 Meter neben der Strecke. Und nun rollen wir wieder durch offene Landschaft ... Beim Mittagessen saß ich heute mit ALFONS zusammen. Er gehört, wie ich, zu den alleinreisenden Männern, die auf dieser Fahrt nur Gottvater als Instanz über sich haben. Er hat alle Auslandsreisen der deutschen Fußball-Nationalmannschaft mitgemacht und war schon auf allen Kontinenten. Sein nächstes Reiseziel ist KUBA, und ich erwische mich Augenblicke später, wie ich das längst vergessene Lied von einem „Negeraufstand in Kuba" leise vor mich hinpfeife, in dem „Blut angerührt" wird und „Schüsse durch die Nacht" peitschen; nur um festzustellen, daß es in meiner Altersgruppe keineswegs vergessen ist. Und weiter geht die Fahrt. Rechts erneut eine Ortschaft - KOSA. Wir fahren durch. Es ist kurz vor 16 Uhr. Eine Minute Aufenthalt auf einem kleinen Bahnhof. Nicht zu sehen, wie der Ort heißt. Wir fahren weiter. Wir halten erneut und steigen aus. Diesmal auf einem ziemlich großen Bahnhof. Wo, ist wieder nicht feststellbar. Auf einem der Nachbargleise steht ein Gegenzug aus Chabarowsk. (Welch eine Ewigkeit noch bis dorthin!) Ich kaufe mir bei einer der Bäuerinnen eine Pirogge. Kostet 1000,- Rubel (30 Pfg.), ist mit Fleisch gefüllt und schmeckt ausgezeichnet. Ich kaufe mir noch eine. Diesmal mit Pilzfüllung, und einer der beiden „Out-of-Rosenheim"-Spezies fragt grinsend, ob ich schon mal was vom „Sibirischen Knollenblätterpilz" gehört hätte. Da schmeiße ich sie weg.

Freitag, 15. September

Es ist 4.30 Uhr Moskauer Zeit. Wir sind in KAMITSCHOW, heißt es. Es regnet ein wenig, und ich gehe nicht raus. Da fahren wir auch schon weiter. Es ist nicht 4.30, sondern 5.30 Uhr. Ich bin wohl noch nicht ganz munter. Kein Wunder bei der Sause, die wir gestern Abend im Speisewagen veranstaltet haben. Eine große Flasche Wodka habe ich zur Hälfte fast allein verputzt, und - bei einer weiteren Flasche - mich mit Thea, eine der Singles (und Psychologin) auf das Interessanteste unterhalten, u.a. über Jugendkriminalität. Es war sehr aufschlußreich, und ich finde mich in Vielem durch die praktischen Erfahrungen dieser Frau bestätigt, die von Jugendlichen beiderlei Geschlechts, die sie von Amts wegen zu betreuen hat, zu hören bekommt, daß deren einziges Interesse einer Karriere als Pornodarsteller gelte. Beim Erzählen wühlt sie mit einer Hand ständig in ihrer schwarzen Kurzfrisur, die ihr sehr gut steht, egal wie zerzaust sie gerade ist. Wir unterhalten uns, ich weiß nicht wie lange, noch über viele andere Dinge. Auf so einer Reise scheinen sich weitgehend Gleichgesinnte zu treffen. Menschen, die von der Welt was gesehen und somit was zu erzählen haben. Und so ist es schon ein Vergnügen, Thea auch nur zuzuhören: Und ob sie nun erzählt, daß sie als Au-pair-Mädchen in Lousiana gewesen sei oder ihr daheimgebliebener, polnischer Freund die Russen zum Teufel wünsche - sie genießt dazu den Wodka, den ich uns einschenke, in vollen Zügen aus nicht gezählten Gläsern ... Und wenn die Wodkaflasche zwischen uns und der Mond am Himmel über uns etwas gemein haben sollten, dann daß sie beide nur noch halbvoll sind und Mond wie Wodka (der Wodka etwas schneller) immer weiter abnehmen. Schließlich geht Thea. Und so eisern sie mit durchgedrückten Knien zu demonstrieren sucht, daß sie „gaaanz nüchtern" sei, so unübersehbar strafen ihre schwarzen Augen sie Lügen, die so glasig schimmern wie die kleine Wodkapfütze, die sie einsam an ihrem Platz hinterläßt.

Küchenmädchen Olga blickt Thea kopfschüttelnd nach, dann wischt es den Tisch trocken, und der Blick, der mich trifft, ist strafend.

Im Hintergrund des Bahnhofs steht ein neuer Plattenbau neben einem anderen Neubau aus Ziegeln, und die alte Scheune davor scheint vor beiden sich zu ducken, als schämte sie sich ihrer windschiefen Armseligkeit. Wir fahren über einen Fluß. Und wieder sind da die alten, bekannten Holzhäuser, aber auch Steinbauten zwischen ihnen. Querab zieht ein Schwarm Wildgänse vorüber. Ich glaube jedenfalls, daß es Wildgänse sind. Übermorgen um diese Zeit werden wir uns schon dem Baikalsee nähern. Gegen 9.00 Uhr Moskauer Zeit sind wir dort. Ich glaube, meine Stimme ähnelt denen einiger Sportreporterinnen, die man deshalb nur Fußball kommentieren läßt. Ich werde mich zu ihrer (meiner Stimme) Erholung noch etwas hinlegen. Drei Leute von gestern Abend habe ich auf dem Gang schon getroffen. Übrigens habe ich gestern auch geraucht. - Das müßte ich jedoch wieder bleibenlassen, würde der Arzt sagen, der mir drei Liter Mineralwasser pro Tag verordnet hat.

Stunden später: Der Himmel ist wieder strahlend blau. Frühstück haben wir hinter uns. Es ist Viertel vor acht Moskauer Zeit. Wir stehen erneut auf einem Bahnhof. Wo, ist wie immer, schwer zu erkennen. Das Stationsgebäude ist meistens ewig weit weg. Meine Zechkumpanen von gestern sind inzwischen alle munter. Bis auf zwei. Das muß hier eine größere Ortschaft sein. Die letzte war übrigens TJUMEN, und der Fluß war der TOBOL, der mit dem IRTYSCH weiter im Norden in den OB, den größten Strom Sibiriens, mündet. JEKATERINENBURG, das während der Sowjetära SWERDLOWSK hieß, haben wir vor vier Stunden im Dunkeln passiert und - verschlafen. Den Obelisken bei PERM, der die Grenze zwischen Europa und Asien markiert, ebenso. Schade, aber in der Dunkelheit hätten wir ihn ja sowieso nicht sehen können. Und dabei hätte ich gern ein Foto gemacht. Und weiter ziehen die riesigen Birkenwälder vorbei. Wir passieren SAWODIKORSK. Himmel bedeckt, aber kein Regen. Wir fahren durch eine Weidelandschaft mit schwarzbunten Rindern, unterbrochen von einer ziemlich großen, aber auch schäbig wirkenden Siedlung. Die Brennholzstapel sind ebenso groß wie die Häuser. Die Landschaft ist lieblich und erinnert stellenweise an einen weiten Park. Und wir fahren - fahren - fahren ... Kiefern kommen ins Blickfeld, aber erstmalig auch dickstämmige Birken - überall, wo sie einzeln stehen und Platz haben, sich breitzumachen. Da kommt ein kleiner Bach mit graublau verfärbtem Wasser. Wie aus einer Waschmaschine. Unser Zug macht jetzt wieder einigermaßen Fahrt. So um die 90 km/h. Es scheint auch, als gäbe es hier geschweißte Schienen. Man hört kaum Stoßgeräusche. Ich glaube, ich gehe mal in den Speisewagen; sehen, ob ich ein Bier kriege. Ich laufe über die Pufferbrücke. Hier ist es sehr laut. Ich kann die Schienen scheinbar nach hinten rasen sehen. Die Tür steht offen, und ich bin im Speisewagen. Ein paar Leute sind darin. Ich halte meine Hand mit dem Mikrorecorder zur Tür hinaus und nehme das Fahrgeräusch auf (für den Fall, daß ich später zu Hause mal nicht einschlafen können sollte). Ich höre Stimmen. Deutsch und Russisch. Ich kaufe mir eine Tafel Schokolade, setze mich zu Anatol an den Tisch und esse sie auf einmal auf. Der Zug hält, und wir steigen aus. Der junge Mann, der mit seiner Freundin fährt, fällt rücklings beinahe auf das Nachbargleis. Ich fange ihn am Handgelenk auf und lasse ihn für diese „Lebensrettung" ein Foto von mir machen. Dazu drücke ich ihm meine alte Praktica in die Hand, die ich ihres 24mm-Objektivs wegen zusätzlich mitgenommen habe. Da kommt der Karl Böttcher, Schlesier aus Oppeln und von ansteckend heiterem Wesen, mit einem Arm voll Gurken. „Was willste denn damit?" fragt ihn seine Frau, eine Leipzigerin. Die beiden sind, wie auch ich, 1958 in den Westen gegangen. Ich äußere spaßeshalber die Vermutung, daß er die Gurken bis Wladiwostok vielleicht einlegen will, worauf Karl scheinbar sichtlich zerknirscht einsteigt und sein „Sonderangebot" erst mal verstaut. -

Der junge Mann findet den Auslöser nicht. Ich zeige ihm, wo er draufdrücken muß. Er hatte noch nie eine Praktica in der Hand, und meine ist bestimmt älter als er und seine hübsche Freundin zusammen. Ich kaufe eine Flasche Bier auf dem Bahnsteig, weil es im Speisewagen alle ist, für 3000,- Rubel, ca. eine Mark. Die Frauen auf dem Bahnsteig haben heiße Pellkartoffeln, gekochtes Gemüse, Zwiebeln, Beeren, Pilze, gebratene Hühner und eine ausgezeichnete Kochsalami anzubieten, und sie tun das unaufdringlich. Jemand aus dem ersten Wagen will einer älteren Frau was schenken, weil er nichts braucht, was er ihr abkaufen könnte. Aber nein - betteln tue sie nicht, gibt sie zu verstehen. Sie hat ihren Stolz und ist bald darauf alles los. Der ganze Bahnsteig ist ein einziges Stimmengewirr. Wir stehen noch eine Weile. Die Lok pfeift. Wieviel Zeit haben wir noch? „Djeßit minut", sagt Tanja, die Schaffnerin von Nr. 4, und zeigt zehn gespreizte Finger. Eine junge Russin bietet an, sie zu fotografieren, und zwei von uns, aus Wagen Nr. 1, tun das auch. Da streckt sie fröhlich die Hand aus, und die beiden geben ihr lachend je einen Dollar. Ideen muß man haben! Die Lok pfeift zweimal. Wir wissen aber nicht, ob es unsere ist. Schließlich stehen hier noch mehr Züge. Es herrscht ein munteres, buntes Treiben auf dem Bahnhof von ISCHIM. Der Böttcher Karl erklärt mit umwerfender Mimik, wie er zu den vielen Gurken kam, und seine Hannelore fragt ihn, wann sie das alles essen sollen. Außer Bier habe ich noch eine Flasche Wodka gekauft, und meine Lieferantin muß wohl was falsch verstanden haben; denn sie ist schon wieder da - mit acht weiteren Flaschen, die sie mir strahlend unter die Nase hält. Doch nun drängt NATASCHA, die, nach Übernahme unseres Wagens von Swetlana, jetzt Dienst hat, zum Einsteigen. Dabei spricht sie mich respektvoll mit „Towarischtsch" an, was zwar keine übliche Anrede mehr ist, ich aber amüsant finde. Wie soll man auch von einer lebenslangen Gewohnheit so schnell lassen können?

Es ist mittlerweile 14.30 Uhr. Unser Zug fährt ruhig dahin, und die Landschaft draußen zieht wie ein Endlosband an uns vorbei. Es ist eine ruhige, Besinnlichkeit fördernde Landschaft, mit weiten Weideflächen, durchsetzt mit Birken. Der Himmel ist strahlend blau. Nur wenige Wolken sind zu sehen, aber vorn, weit voraus, scheinen sie sich zu verdichten. Das kann aber auch an der Perspektive liegen. Ein schwarzer Weg - die Erde ist schwarz hier - läuft links neben uns her. Jetzt kommt ein großer Schlag Birken, denen man - wer weiß warum - die Kronen abgesägt hat. Vielleicht brauchte man Reisig für Besen. Jedenfalls stehen nur die Stämme da, und weil die sehr dicht und weiter weg sind, heben sie sich wie eine weiße Wand vor dem Horizont ab. Dem Holzbestand dürfte das kaum schaden. Ich habe mal gelesen, daß man Fehler, die der russischen Forstwirtschaft zum Nachteil gedeihen könnten, gar nicht machen könne - soviel Holz wachse auf den ungeheueren Flächen ständig nach. Mein Bettnachbar Gernot, Jurist und Dozent, inzwischen „der Professor" genannt, unterhält sich mit zwei nicht zu uns gehörenden Däninnen und „KIWI", einen ebenfalls nur zu uns gestoßenen Neuseeländer. Das heißt, er spricht über Studienmöglichkeiten in Deutschland und über seine früheren Aufgaben, die ihn schon zwölf mal in dieses Land geführt haben. Beim Bau des Angara-Kraftwerkes sei er auch dabei gewesen. Leider doziert er so trocken, daß selbst das Interessante, das er zweifellos zu berichten weiß, sterbenslangweilig klingt, und so sehe ich nach einer Weile Zuhörens - die Unterhaltung ist übrigens in Englisch - wieder aus dem Fenster. Der Gleiszustand scheint hier im asiatischen Teil der Strecke weit besser als im europäischen. Es sind momentan fast keine Stoßgeräusche zu hören. Auch die Landschaft ist schöner als westlich des Ural, wo es vielfach schien, als führe man durch eigens gehauene Waldschneisen. Jetzt mal was ganz Neues - Auf der Schotterstraße neben den Geleisen fahren zwei PKW! Sie können jedoch mit uns nicht schritthalten. Die Straße ist, wie man an den starken Federbewegungen der Fahrzeuge sieht, unebener als man von hier aus glauben möchte. Und während die Autos hoffnungslos abgeschlagen außer Sicht geraten, nimmt unser Zug unaufhaltsam seinen Weg durch die schier endlose Grassteppe. Eine Siedlung kündigt sich an: An ihrem Rand ein Tümpel. Als Vieh- und Pferdetränke, an der ein Dutzend Pferde steht - saufend und sich tummelnd. Die Pferde sind klein und struppig. Kosakenpferde. Eine neue Ortschaft taucht auf; mit wellblechgedeckten Häusern. Das „Wellblech" ist allerdings Kunststoff; von Fall zu Fall grün eingefärbt. Jetzt einige größere Ziegelhäuser. Wir nähern uns offenbar einer Station. Auf der rechten Seite der Strecke zieht sich was zusammen. Ein paar Tropfen Regen fallen; nur einige - wie auch heute früh. Links von uns ein großer Komplex verlassener Fabrikanlagen. Jedenfalls sehen sie verwaist aus. Als ob niemand mehr in ihnen arbeite. Eine endlose Reihe an Hallen und Höfen, abrupt gefolgt von einer Wiese mit rotbunten Kühen drauf und ein paar schwarzen dazwischen. Der Himmel vor uns wird grau und mit ihm auch die Landschaft. Grund für mich, in mein Abteil zu gehen und eine Mütze voll Schlaf auf Vorrat zu nehmen. - 3.45 Uhr Moskauer Zeit: Draußen erstmals ein Getreidefeld. Wie´s aussieht, Hafer. Wir sind in OMSK und überqueren den IRTYSCH. Rausgehen kann ich nicht mehr, denn ich habe die Ankunft prompt verschlafen. Das ärgert mich jetzt, daß ich keinen Wecker eingepackt habe. Es ist aber sowieso nichts zu sehen. Das Stationsgebäude ist einmal mehr viel zu weit weg, und wir stehen auf einem abgelegenen Gleis, eingeengt zwischen zwei anderen Zügen. Aber ein Riesenbahnhof! Wir fahren ab. Das Empfangsgebäude ist immer noch nicht zu sehen. Rechts von uns sind noch fünf weitere Geleise; links ist gar nicht feststellbar, wie viele. Die Wolkendecke ist inzwischen geschlossen, und wir nehmen Kurs auf NOWOSIBIRSK, die Hauptstadt Westsibiriens. Doch erst kommt TATARSK. Jedenfalls auf der Karte. Nach TATARSK sind es knapp 200 Kilometer, und Abendessen gibt es in zwei Stunden. Bis dahin werde ich es mir wieder ein bißchen bequem machen. Der Zug rollt gleichförmig dahin, und seine uns längst vertraut gewordenen Geräusche untermalen alle anderen Wahrnehmungen. - Es ist 16.45 Uhr. Eben donnert ein Gegenzug an uns vorüber. Aus CHABAROWSK. Oder Cha - BA - rowsk, wie die Russen meistens sagen. Das ist auch richtig, höre ich; die zweite Silbe werde in so einem Fall betont. Nun, wir haben im Deutschen auch Ausspracheregeln und trotzdem spricht ein Teil unserer Bochumer den Namen ihrer Stadt mit kurzer, und ein Teil mit gedehnter erster Silbe, und mit den Stralsundern im Nordosten ist es nicht anders als mit den Bochumern im Westen Deutschlands, wenn die von der Ostsee sich nicht einig werden, ob sie 'Stral' oder 'sund' betonen sollen.

Freitag, 15. September

Es ist 16.45 Uhr Moskauer Zeit. Die Dunkelheit ist schon ziemlich fortgeschritten. In der Ferne ist noch ein Rest rötlichen Scheines vom Sonnenuntergang zu sehen, was hoffen läßt, daß es morgen wieder schön sein wird, und es ist die vorauseilende Hoffnung aller, daß am Baikalsee Schönwetter sein möge. In einer Viertelstunde gibt es Abendessen, und mein Bettnachbar („Zellengenosse", hätte ich beinahe gesagt), der „Professor", der sich vor einer Weile hingelegt hat, wird bald aufstehen müssen, sofern ihn sein Riesenschlafsack nicht schon vorher von der Pritsche zieht. Immer wenn er ihn mit rudernden Armen hochrafft, ist es wie im Theater, wenn der Vorhang hochgeht. - Und weiter rollt unser Zug, der „Baikal", und die nach hinten enteilende Landschaft gleicht einer riesigen Drehbühne von Heide und Wald, die vor den Augen des Betrachters kein Ende zu nehmen scheint. Die nächste Station ist, wie schon gesagt, TATARSK, das wir nach dem Abendessen erreichen sollen. — Der Zug wird langsamer. Hier kommt ein Bahnhof. Sind wir schon in TATARSK? Wir sind! Aufenthalt aber nur zwei Minuten. Kein Aussteigen. Swetlana, die jetzt wieder Dienst hat, macht die Tür auf und wischt, wie bei jedem Halt, den Steppenstaub aus dem Türrahmen. Lautsprecherdurchsagen und das Geräusch rollender Züge sowie das ganze Stimmengewirr von den Bahnsteigen dringt zu uns herein und vermischt sich mit unserem Palaver. Von einer kaputten Lampe, die schon kaputt gewesen sei, ist die Rede, und worüber die energische CAMILLA (die Großmutter) sich wundert, kann bis zu mir nicht durchdringen. Wir sitzen im Speisewagen. Die Böttchers (der Mann mit den Gurken), die Studienrätin und ich an einem Tisch, und ich verschütte beim Einschenken unter dem Grinsen der Tischgenossen den Wodka der Runde, die ich ausgegeben habe, weil der Zug immer dann am unruhigsten fährt, wenn man eine ruhige Hand am nötigsten braucht. Da wir aber nur vier am Tisch sind, geht nicht allzuviel daneben. Inzwischen ist das eigene Wort nicht mehr zu verstehen vor lauter PROST und NASTROWJE und schließlich SALUTE, nach dem Böttcher eine Flasche Spumante ausgegeben hat. Krimsekt gibt es eigenartigerweise keinen. Das Gespräch kommt schließlich wieder auf den Zug und daß er jetzt ruhiger fahre als tags zuvor. Auf unsere Getränke zurückkommend sage ich, daß ich eine ganz bestimmte Sektmarke bevorzuge, und Camilla meint, daß wir dann ja etwas gemein hätten. Sie ist übrigens Egerländerin und hat, wie schon erwähnt, ihre erwachsene Enkelin dabei, und die frage ich jetzt, ob sie zum ersten Mal mit Oma verreise. „Nein", sagt sie, „schon zum zweiten Mal", und bringt das Gespräch auf London, und wir sind uns einig, daß man eine Stadt nur zu Fuß kennenlernen kann. Ich selbst bin auf diese Art mit London ziemlich vertraut geworden. Thea wundert sich, daß noch niemand in Bremen war, wo sie zu Hause ist, und ich kann sie ein bißchen „trösten" mit dem Bescheid, daß ich mal dienstlich bei Fokker gewesen sei und immerhin den „Roland" und die „Bremer Stadtmusikanten" gesehen habe. Den Löwenanteil der Unterhaltung bestreitet Karl, der Schlesier aus Oppeln sowie Camilla und natürlich Alfons, der Weltenbummler. Hannelore, Karls Frau, erzählt der Psychologin, „wie es früher war". Das wir z.B. nicht ins Kino rein durften, wenn im Film ein paar Küsse vorkamen, und daß ihr Vater, wenn er sie mal mit reingeschmuggelt hatte, ihr in so einem Fall die Augen zuhielt. Das konnte Thea sich kaum vorstellen, bei der heutigen Freizügigkeit (oder Zügellosigkeit?). Wir erinnerten uns, wie ewig lange es gedauert hatte, bis wir endlich 18 waren, um abends ins Kino zu dürfen, und wie rasend schnell die Zeit inzwischen vergangen ist.

„Die Stimmung der Truppe is jroßartich und übertrifft bei weitem ihre Leistungen." An diese fiktive Meldung - ich glaube an den legendären „Oberst von Zitzewitz" - muß ich denken, wenn ich mir unseren Haufen so ansehe, dessen Stimmung überschwappend den ganzen Speisewagen erfaßt, der uns den nicht mehr existierenden Gesellschaftswagen früherer Zeiten ersetzt, und es macht einen Heidenspaß, Unmengen dummes Zeug zu reden, ohne von lauernden Besserwissern „berichtigt" zu werden. Schließlich wird es Zeit, und ich gehe zu meinem Abteil, wo der gute „Professor" schon schläft. Er ist nicht gut drauf heute. Sagte mir, daß er krank sei. Ich hoffe, es geht ihm nicht allzu schlecht. Aber immerhin kann er ja schlafen. Draußen ist es längst dunkel. Auf der Pufferbrücke merke ich, daß der Zug bremst und gehe wieder zurück. Böttchers schmeißen mal eben noch eine Runde Spumante, ich komme also gerade richtig. Kaum haben wir ausgetrunken, hält der Zug. Es ist 20.10 Uhr Moskauer Zeit, also noch Freitag. Wir steigen aus, und ich stehe mit einer brennenden Zigarette, Marke „Magna", auf dem dunklen Bahnsteig von BARABINSK. Ich denke darüber nach, in welchem Umfang ich mich schämen sollte, mit dem Rauchen wieder anzufangen und mache einen tiiiefen Zuug. Mann - tut das guuut!!! Man ist doch gleich ein ganz anderer Mensch! Nach Ortszeit muß es bald Mitternacht sein. Es geht weiter. Der Zug fährt mit ziemlicher Geschwindigkeit, und ich bin wieder im Speisewagen. Es hat sich inzwischen eine neue Runde formiert, und ich unterhalte mich bei dieser Gelegenheit mit einer älteren Dame, die unüberhörbar aus Ostpreußen stammt, und siehe da - sie kennt Lötzen in Masuren und sogar Schönballen, das Dorf, in dem ich 1938 meine letzten Schulferien verbrachte. Den Bauern, dessen Ferienkind ich war, kennt sie aber nicht. Das wäre ja auch zuviel. Sie heißt Edeltraud. Was mir seit Moskau bekannt ist, weil ihr dort, auf der Damentoilette des Hotels Belgrad ein teurer Ring gestohlen wurde, als sie ihn beim Händewaschen kurz abnahm und sich nach dem Handtuch umdrehte. Aber wie konnte sie auch („Err-barmen!") so teure Klunker mitnehmen? Ein ganzes Ensemble - Türkise, jeweils in schweres Gold gefaßt ... Schluß für heute! - Es ist 23.30 Uhr Moskauzeit: Ich bin nochmal aufgestanden, weil ich nicht einschlafen kann. Im Speisewagen ist aber auch nichts mehr los, also werde ich mich auf meine Pritsche begeben und versuchen, von einem meiner Filme die in die Patrone geratene Lasche „herauszufischen". Es ist ein 400er Film, den ich beim Umsetzen aus der Sucherkamera in die Praktica zu weit zurückgekurbelt hatte. Jetzt fummele ich schon eine ganze Weile im stockfinsteren Abteil mit dem Film unter dem Kopfkissen herum - ohne Erfolg. Schließlich mache ich die Patrone auf, ziehe den Filmanfang heraus und mache sie wieder zu. Geschafft! Gott sei Dank - wer weiß, wo es hier Filme gibt! Jetzt ist aber endgültig Feierabend. Ich liege auf meinem Bett, der Schlafsack vom „Professor" fegt schon wieder den Boden, und unser Zug durchschneidet die sibirische Nacht ...

Sonnabend, 16. September

Es ist kurz nach 5.00 Uhr Moskauer Zeit. Wir sind in TAIGA und haben zehn Minuten Aufenthalt. Auf dem Bahnsteig stehen drei Holzhütten mit der Aufschrift MAGAZIN, aber in keiner von den dreien gibt es Mineralwasser. So ein bis zwei Flaschen Bier sind ausgestellt, Zuckerwasserlimonade, russische Cola und Wodka. Wir sind nun auch geographisch in der Taiga, und draußen sind wieder die Birkenwälder, mit zum Teil weitaus größeren Bäumen als bisher und in allen Farben des Herbstes leuchtend. Man wundert sich, daß es eine Versorgung der Reisenden durch reguläre Geschäfte praktisch nicht gibt. Es ist seit der „Wende" doch genug Zeit vergangen. Ich könnte mir aber denken, daß ein regulär Gewerbetreibender gegen die praktisch nebenkostenfreie und naturgemäß viel flexiblere Konkurrenz der fliegenden (Schwarz-) Händlerinnen auf den Bahnsteigen nicht ankommt. Man sieht also, wenn überhaupt, immer nur ein paar alte Bretterbuden, die jeden Moment zusammenzufallen drohen. Angeboten werden darin einige kaum definierbare Getränke (außer gutem Wodka, versteht sich) und überalterte deutsche Süßigkeiten, die selber schon eine abenteuerliche Reise hinter sich haben. - Es gibt doch kein Mineralwasser! In ca. einer Stunde werden wir in MARIANSK sein; vielleicht kriege ich dort welches. Aber jetzt gehe ich erst mal frühstücken. Heute schon um 6.00 Uhr Moskauer Zeit; denn die Zeitverschiebung wird ja immer größer. Sie dürfte inzwischen drei Stunden betragen.

Wir sind in MARIANSK, aber ich kann nicht mehr raus, weil ich die Ankunft verschlafen habe. Dabei hätte es hier (das mir verordnete) Wasser gegeben. Na, ja - was soll's! Wir fahren weiter. Und wir fahren durch einen Altweibersommer, für den die Natur die weite, schier unermeßliche Taiga in faszinierender Farbenpracht erstrahlen läßt. Unseren Fahrplan muß jemand mitgenommen haben. Er ist verschwunden. Mal sehen, wo wir das nächste Mal halten werden.

Soeben waren wir in BOGOTOL. 'Bogota' hätte ich beinahe entziffert. (Da hätten wir uns aber verfahren gehabt.) Ein großer Bahnhof, aber auch hier kein Mineralwasser. Wahrscheinlich ist das Trinkwasser hier so gut, daß kein Mensch Mineralwasser braucht. Bei uns war das früher ja auch nicht anders. Wer kaufte vor 50 Jahren schon Selterwasser als Leitungswasserersatz? Draußen ist so strahlend schönes Wetter, daß man am liebsten eine Weile neben dem Zug herlaufen möchte. Mittagessen gibt es gegen 10.00 Uhr Moskauer Zeit, die, wie schon erwähnt, im ganzen Bahnbetrieb landesweit gültig ist. In ungefähr vier Stunden werden wir in KRASNOJARSK und damit am Jennisseij sein - dem wasserreichsten der sibirischen Ströme.

Krasnojarsk wird mich an einen fast achtstündigen Zwangsaufenthalt erinnern, als ich vor zwei Jahren im Mai nach Peking flog, und unserer Maschine, eine IL 86 der Aeroflot, zum Tanken zwischenlandete, aber erst nach über sieben Stunden Treibstoff erhielt, weil der mittlerweile privatisierte Lieferant vom Piloten Barzahlung verlangte, und der natürlich kein Geld hatte. Wir mußten warten, bis die Banken aufmachten. Dann ging es weiter, und zwar mit dem „Alarmstart“ (eines wohl frustrierten ehemaligen Bomberpiloten), wie ich ihn noch nie erlebt hatte.

Soeben habe ich meine Trainingshose geflickt bekommen. Und das tip-top! - Von Natascha, für zwei Dollar. Ich muß mir gestern mit einer Zigarette ein Loch hineingebrannt haben, das ich heute morgen wegen „unerklärlicher Zugluft“ am rechten Bein bemerkte. Der RUDI einer der beiden Bayern, hat das Loch schon gestern gesehen, mir aber nichts gesagt. Vielleicht meint er, daß es in Sibirien nicht so drauf ankäme. - Wir fahren an einer Siedlung mit den typisch russischen Holzhäusern vorbei, die wohl gerade abgerissen werden. Überall liegen Bauschutt, alte Balken und umgelegte Zäune herum. Und weiter geht es. Ich kann über die Schönheit dieser Herbstlandschaft nur staunen, und es liegt sicher an dieser Prachtentfaltung der Natur vor den Fenstern unseres Zuges, daß in noch keiner Phase dieser Fahrt jemand Langeweile empfunden hat. Es freut mich, daß ich mich zu dieser Reise entschlossen habe. Sie ist einmalig in ihrer Art und genau wie der Zug selbst ein Mythos. Reise und Ziel sind für uns Fremde (für mich jedenfalls) ein und dasselbe.

Moskauzeit 13.30 Uhr: Wir nähern uns Krasnojarsk. Ich hoffe, wenigstens hier Mineralwasser zu bekommen. Neubauten von Wohnhäusern und Datschen tauchen auf. Viele davon in schon weit fortgeschrittenem Rohbau und fast alle mit Walmdächern. Gut sehen sie aus.

Wir laufen ein in KRASNOJARSK. Ich steige aus. Ein Riesenbahnhof. Unser Zug steht auf Gleis 4. Ich gehe über die Fußgängerbrücke zum Bahnhofsvorplatz. Hier steht rund ein Dutzend Verkaufsbuden, und ich bekomme endlich Mineralwasser. Es ist jedoch sehr stark eisenhaltig und schmeckt faulig. Deshalb ist es auch so

Proviant in KRASNOJARSK:
ANNA wartet auf Kartoffeln
Chefin SERAFINA „testet“ die angelieferte Milch

billig. Das ist mir bei dieser Marke schon in Moskau im Hotel Kosmos aufgefallen, wo es keiner haben wollte. Ich mache einige Fotos. Auch vom Bahnbetrieb. Zu Sowjetzeiten wäre das unmöglich, da verboten gewesen. Auf dem Nachbargleis wird Post aus- und eingeladen. Unsere Lok wird gewechselt, und während Thea (heute im Gammel-Look) uns aus zur Gewohnheit gewordenem, psychologischem Interesse zu beobachten scheint, kümmert sich Küchenhilfe Olga (in unserem Interesse) um einen Sack Kartoffeln. Der Betreiber des Speisewagens tätigt seine Einkäufe nämlich auch auf dem Bahnsteig, und da herrscht, wie auf dem ganzen Gelände, ein Mordsbetrieb. KRASNOJARSK ist eine bedeutende Industriestadt mit Lokomotiv- und Schiffbau am Jennisseij. Es gibt auch Holz- und Papierindustrie sowie Braun- und Steinkohleförderung, erzählt uns ANATOL, unser nimmermüder, liebenswürdiger Reiseleiter, der immer fürchtet, ich könnte es nicht rechtzeitig in den Zug zurück schaffen, wenn ich mich mal ein paar Schritte vom Gleis wegbewege. Und weiter geht es. Wir überqueren den Jennisseij. Ganz langsam. Es dauert eine Weile, bis wir drüber sind. Wir fahren an vielen neuen Wohnsiedlungen vorbei, und jetzt ändert sich die Landschaft. Es wird bergig draußen. Weißer Kalkstein schimmert matt, wo er aus den Hügeln wie durch eine zu dünne Haut hervorbricht.

Die nächste große Stadt ist IRKUTSK - Hauptstadt Ostsibiriens und Endstation des ersten Teils unserer Reise. Anatol erzählt mir gerade, daß sich in unserem Hotel in CHABAROWSK, wo wir am 22. September eintreffen werden, ein Fuji-Fotoschnelldienst mit einem 40-Minuten-Bilder-Service befinde. Davon werde ich natürlich Gebrauch machen, dann habe ich zu Hause weniger Rennerei mit den Fotos. Inzwischen zeigt sich der Hintergrund als Hügelkette, mit Erhebungen von schätzungsweise 100 bis 200 Metern, die etwa bis zur Hälfte ihrer Höhe bewachsen sind. Den Vordergrund bestimmen weiter die altbekannten Holzhäuser, aber auch neuere Gebäude. Die Gegend verändert sich im Detail ständig, bleibt im Großen aber weitgehend gleich, wenn auch immer mit neuen Eindrücken, die den Betrachter ununterbrochen beschäftigen, und zu denen die Räder des Zuges die endlose Begleitmelodie liefern. Jetzt, zum Beispiel, kommt ein ausgedehnter Weißkohlacker. Ein Kleinbus steht darauf vor einem schönen neuen Holzhaus mit einem Lattenzaun aus frisch geschnittenen Latten „und Zwischenraum hindurchzuschaun" drum herum. Nun erneut ganz neue Häuser. Immer häufiger mit Walmdach. Manche auf hohe Steinsockel gesetzt und dadurch doppelt so hoch wie die anderen. Die Dächer scheinen mit Pappe gedeckt. Es ist aber ein mattglänzender Kunststoff. Und schon wieder Neubauten. Diesmal Bungalows; gefolgt von einer Pferdekoppel, noch ein paar Häuschen längs der Bahn und dann wieder Buschwerk in herbstlichem Gelb und Braun. Wiese mit Heuhaufen, aber kein Vieh. Plötzlich eine Gartensiedlung mit gepflegten Gärten. Auf ungewöhnlich akkurat angelegten Beeten steht Weißkohl. Man sieht überhaupt nur noch Kohl. Alles andere ist schon abgeerntet. Der Boden taut in diesem Teil der Welt ja nur an der Oberfläche auf und steht knapp einen Meter darunter unter Dauerfrost. Das kann man sich bei dem z.Z. herrlichen Wetter kaum vorstellen. Man sollte die Reise im Winter wiederholen. (Ich denke darüber nach.)

Schon wieder Baustellen. Diesmal Holzhäuser im mittleren Baustadium und von einem Typ, wie ich ihn bisher nur in Kalifornien gesehen habe. Leider versperrt ein Gegenzug unvermittelt die Sicht. Es ist außerordentlich viel Verkehr auf der überlasteten Strecke. Und erneut eine Siedlung. Diesmal ältere Häuser mit Glashäusern dazwischen. Traktoren, auch solche mit Kettenlaufwerk, stehen verlassen auf den Wegen. Die Siedlungen nehmen hier kein Ende. Ganz neue Häuser. Alle mit Walmdach, das ja mehr Platz darunter bietet als das viel einfachere und natürlich auch billigere Satteldach. Nach längerer Zeit mal wieder eine Kuh. Frauen ernten Kartoffeln auf einem Feld daneben. Auf dem Feldweg parallel zu uns fährt ein LADA. Und jetzt rücken die Hügel näher an die Geleise. Sie sind alle mit Birken und Ellerngebüsch bestanden, soweit das Auge reicht. Wieder Kartoffelernte: Die Oma mit zwei kleinen Jungs. Doch nun scheint wieder freie Strecke zu kommen. Dichter Birkenbestand mit vereinzelten Nadelbäumen dazwischen, neben dem Gleis. Schwer zu erkennen, ob Kiefern oder Tannen, aber mit Koniferen darunter, die extrem schlank sind - wie Lanzenspitzen. Wir fahren jedoch immer noch durch besiedeltes Gebiet. Ein Dorf am Hang präsentiert sehr modern anmutende Holzbauten. Leute mit Geld, die sich den Bau solcher Häuser leisten können, muß es also geben. Eine phantastische Villa am Hang kommt ins Blickfeld. Das war bestimmt die „bescheidene Hütte" eines hochrangigen Genossen, wenn sie es nicht noch ist. Ein Dorf mit Neubauten in Terrassengärten folgt. Der Zug fährt hier ganz langsam und das ist, wie schon eingangs bemerkt, ein Vorteil. Im IC-Tempo wäre diese Reise nicht, was sie ist - sie wäre als Selbstzweck undenkbar.

Die Sonne neigt sich bereits wieder und wird wohl der Berge wegen, wenn wir zwischen den Hügeln bleiben, noch etwas eher als sonst verschwunden sein. Die eine Siedlung am Hang, die quer zur Strecke in Fahrtrichtung blickt, liegt schon im Schatten, die andere, auf dem uns zugeneigten Hang, steht noch in vollem Licht. Längs der Strecke tauchen neben den Geleisen kleinere Transformatorenstationen auf, denn die an der Bahn liegenden Ortschaften bekommen auch den Strom von der Bahn. Draußen ein Haltepunkt der Lokalbahn: KALMARKA oder so ähnlich. Zum Lesen taucht der Name für einen des Kyrillischen Ungewohnten zu plötzlich auf, und was mich betrifft, so werde ich mit der Fahrtbeschreibung für eine Weile aufhören und mal sehen, was im Speisewagen los ist.

Von dort komme ich jetzt nach fünf Stunden zurück. Es ist 21.00 Uhr Moskauer Zeit. Ich habe wieder eine halbe Schachtel Zigaretten geraucht - aber nur als Ausnahme für die Dauer der Reise (versuche ich, mich herauszureden). Kaum war ich am Tisch, kommen Böttchers mit einer langen Kochsalami, die der Karl auf dem letzten Bahnhof gekauft hatte. Mit läuft das Wasser im Munde zusammen. Und nicht nur mir. Also „überzeugen" wir, d.h. die beiden Bayern und ich, den guten Karl davon, daß er die Wurst niemals nach Hause transportieren könne, weil das im Koffer austretende Fett der Wurst alle Sachen darin verschmutzen würde. Darauf macht Karl gute Miene zu bösem Spiel, schneidet die Wurst in Stücke und verfüttert sie unter die Anwesenden. Ein (bestimmt unscharfes) Foto belegt den Vorgang.

Mittlerweile bin ich, wie gesagt, wieder in meinem Abteil und überlege, wie erstaunlich gering die Unbequemlichkeiten dieser Reise doch sind. Es gibt eigentlich gar keine. Jedenfalls keine echten. Auch wenn mein Mineralwasser nach dem Wasser der Friedhofspumpe meines Heimatortes schmeckt, kann von Widerwärtigkeiten, wie etwa den folgenden, die vor langer Zeit ein im Eisenbahnabteil leidender Italiener erfuhr und zu Papier brachte, keine Rede sein.

Er schrieb:

„Mir gegenüber ließ sich ein rotgesichtiger Pfaffe nieder, zwischen meinen Beinen war ein Korb und eine Kiste, auf der einen Seite spürte ich einen Degen, auf der anderen Seite einen weichen Busen, während die Füße des Engländers auf meinen Knien lagen. Die fette Amme nieste. Die Kinder schrien, die Ordonnanz

rauchte, die Dienerin hustete, und Ehrwürden spuckte."

Nachzulesen in: „Die große Zeit der Eisenbahnen" von André Barret.

Wir haben es gut in der TRANSSIB!

Was zum Beispiel das Mittagessen betrifft, da ist der Koch stets auf Abwechslung bedacht: mal paniert er die Frikadellen, mal nicht. Und da er willkürlich variiert, sorgt er damit sogar für etwas Spannung, und wir sind es zufrieden.

Anders war es in den USA, 40 Jahre vor Inbetriebnahme der TRANSSIB: Als die ersten Amerikaner ihren Zug aus dem gleichen Grund bestiegen wie wir, nämlich nur um den Kontinent zu durchqueren, bekamen die Ärmsten im Zug überhaupt nichts, sondern mußten sich mit dem Angebot spezieller Abfütterungsstationen begnügen, wo sie einschließlich Anstehens eine halbe Stunde Zeit zum Mittagessen hatten. Verwöhnt wurden sie dabei auch nicht gerade. Wenn man dem Chronisten glauben darf, wurde dort u. a. Fleisch von einem Huhn serviert, das zu seinen Lebzeiten nur deshalb keine Federn hatte, weil es ein Präriehund gewesen war.

Auf dem Gang sind Schrite. Ich schiebe die Tür einen Spalt auf und sehe SWETLANA PETROWNA, unsere schmucke Schaffnerin, auf dem Weg zu ihrem Mini-Dienstabteil. Ich gehe mit und mache dort ein Foto von ihr an ihrem Arbeitsplatz, und zu meiner Freude über ihre Phantasie, übersetzt mir Anatol, daß sie sich auf einen Platz in meinem Fotoalbum freue und gespannt sei, wen sie darin alles antreffen werde. Nun - träumen kann sie schon jetzt, denn Wache hat ja NATASCHA.

Es ist spät geworden. Ich liege auf meinem Bett und blicke durch das Fenster zu einem Sternenhimmel auf, wie ich ihn seit Kindheitstagen in dieser Brillanz nicht mehr gesehen habe. - Um einen strahlenden Mond herum findet über der nächtlichen Taiga eine Galavorstellung der Schöpfung statt, die in ihrer gleißenden Pracht und Schönheit atemberaubende Demonstration unserer irdischen Nebensächlichkeit ist. Unser Zug fährt langsam und, je nach Zustand der Strecke, mit wechselnden Langsamkeiten. Der Sternenhimmel fasziniert mich. Schon als Junge habe ich die Sternbilder „auswendig gelernt" und alles über ihre mythologischen Vorbilder gelesen. Und ich stehe auf in der Hoffnung, vom Plattformfenster aus eine bessere Aussicht zu haben, weil es dort keinen störenden Tisch gibt. Leider aber spiegelt sich in der Türscheibe die Gangbeleuchtung, und ich sehe überhaupt nichts. Also gehe ich wieder zurück und blicke durch das staubige Abteilfenster hinauf zu Kassiopeia, Kepheus, Perseus und Andromeda. Und mit den Gedanken an das einst Gelesene über Kassiopeias Anmaßung, den Zorn und das Strafgericht der Götter, über Medusa und die Hochzeit des Perseus, das dieser Himmel in mir wachruft, lege ich mich endlich hin und schlafe über den rhythmisch rollenden Rädern ein.

Inzwischen bin ich wieder wach. Es ist 1.00 Uhr Moskauzeit, also gegen 4.00 Uhr morgens. Der Zug steht. Ich stehe auf, und NATASCHA, die ich in der offenen Tür antreffe, meint, es gebe Fahrprobleme. „Problema brajecheli", sagt sie; doch in demselben Moment ruckt der Zug an, und es geht weiter. Übrigens - die auf den ersten Blick unscheinbare Natascha erweist sich im Gespräch - mit Anatol als Dolmetscher, versteht sich - als sehr charmante Frau. Sie erzählt uns unter anderem, daß das Personal für den „BAIKAL", der unter den Zügen der TRANSSIB eine Sonderstellung einnimmt, speziell ausgesucht werde. Da ich nun schon mal wach bin, gucke ich gleich mal in den Speisewagen. Da sitzen doch tatsächlich noch oder schon wieder welche! „KIWI", der Neuseeländer, und die beiden Rotschöpfe aus Dänemark (die, wenn sie in den Wald gehen, darauf achten müssen, daß die Füchse gerade Schonzeit haben) hocken in einer verräucherten Spelunke, von der man das andere Ende nicht mehr sehen kann. Der etwas windig wirkende Neuseeländer reist auch allein. Ich erinnere mich plötzlich meiner Unterhaltung mit Thea, der ich „schamlos" so viel Wodka eingeschenkt, und mit der ich mich über die altersbedingte Vergeßlichkeit sowie einen in England zu ihrer Diagnostizierung entwickelten sogenannten „Anomalous Sentence Repetition Test" unterhalten hatte. Bei diesem Test muß der Patient einen langen Satz mit absurder Aussage oder eine gar keinen Sinn ergebende Wortfolge nachsprechen. Ist er dazu imstande, handelt es sich um eine harmlosere Form der Gedächtnisschwäche. Am nächsten Morgen kann Thea, die nicht nur am Gespräch, sondern auch an der Wodkaflasche Gefallen gefunden hatte, sich an nichts mehr erinnern und droht lachend, mit einem Glas zu werfen, als ich das mit dem Hinweis auf unsere Diskussion über DEMENTIA SENILIS, den Altersschwachsinn, zu erklären versuche. Mittlerweile habe ich Karl Böttcher wieder getroffen. Als alter Schlesier erinnert er sich noch gut an den Komiker Ludwig Manfred Lommel, der in der Rolle des PAUL NEUGEBAUER aus RUNXENDORF und dessen ebenso fiktiven Ehefrau PAULINE, deren Part er mit sprach, den schlesischen Alltag bis weit in den Krieg hinein im „Sender Runxendorf" karikierte und die einleitende Ansage immer mit den Worten schloß: „...Se häeren de Aufnahme." Er spielte in der Rundfunkunterhaltung jener Zeit eine Rolle, wie 40 Jahre später der inzwischen verstorbene Jürgen v. Manger als TEGTMEIER im Deutschen Fernsehen. Doch nun werde ich versuchen, bis zum Frühstück durchzuschlafen. Ich hoffe, morgen von Irkutsk aus telefonieren zu können. Anatol sagt, es gehe. In Moskau ging es nur mit Kreditkarte. Ich lebe aber ohne!

Sonntag, 17. September

Es ist 3.00 Uhr Moskauer Zeit. Also 8.00 Uhr Ortszeit, bei einer Zeitverschiebung von nunmehr fünf Stunden. Wir haben strahlenden Sonnenschein, und in zwei Stunden gibt's Frühstück. Wir waren gerade in TULUN. Unser Zug ist inzwischen wieder angefahren, und wir rollen durch eine weite Ebene, die an beiden Seiten der Strecke etwas abfällt. Wir erreichen einen Bahnhof. Ob wir halten, weiß ich nicht. Wir fahren durch. Das kommende Frühstück wird das letzte im BAIKAL sein. Danach heißt es zusammenpacken. Das vertraut gewordene Abteil wird mir fehlen. Im nächsten Zug, dem Schnellzug ROSSIJA, der uns bis Chabarowsk bringen wird, soll es nicht so sauber sein, wie hier im BAIKAL. Dem Speisewagenkellner habe ich das blau-weiß-goldene Zugemblem für einen Dollar abgekauft. Ich brauche es für spätere Fotos. Leider ist es billigste Massenware, kaum 50 Pfennig wert und dem Image des Zuges nicht angemessen. Rechts, auf der Gangseite, kommt ein Dorf in Sicht mit schönen alten Häusern, die zum Schutz vor Wölfen mit hohen Palisaden umgeben sind. Und wieder diese beeindruckenden Effekte durch Licht und Farben der herbstlichen Landschaft. Der Zug fährt mit etwa 70 km/h. In den Mulden und Niederungen schwebt ein leichter Dunst in wulstförmigen Schwaden. Krähen ziehen darüber hin, und am Boden balgen sich zwei Hunde um etwas, das jeder von ihnen lieber für sich allein hätte. Das letzte Frühstück im BAIKAL haben wir hinter uns, und jemand meint, das Letzte Abendmahl müsse üppiger gewesen sein. Unser Frühstück zu malen, hätte jedenfalls nicht gelohnt. Dafür gab es heute für viele etwas Neues: Es gab Kascha! Kascha ist an sich nur ein Brei. (Ich entsinne mich seiner aus der Gefangenschaft, wo er als „Sonnntagsverpflegung“ (fünf Löffel Kascha, statt eines halben Liter Wassersuppe) ausgegeben wurde. Unser heutiger Frühstücksbrei bestand aus sogenannten „Kälberzähnen“. Das sind grobe Gerstengraupen, die es seit Aufhebung der Lebensmittelrationierung in der Nachkriegszeit in Deutschland nicht mehr gegeben hat. Jedenfalls nicht im normalen Angebot des Lebensmittelhandels. Die jüngeren unter uns haben vielleicht geguckt. Die hatten Graupen noch nie gesehen. Dazu gab es zwei Eier mit seltsam blassem Dotter, Brot und eine Messerspitze Butter. Etwas karg heute. Die fahle Blässe der Eidotter war mir an diesem Ende der Welt schon vor zwei Jahren in China aufgefallen. Doch nun sind es nur noch zwei Stunden bis IRKUTSK, und mir fällt das Gedicht ein, in dem es „noch zehn Minuten bis Buffalo“ sind. Es ist jetzt 6.00 Uhr, und um 9.00 Uhr müßten wir dort sein, entsprechend 14.00 Ortszeit. Die Landschaft hat sich verändert. Sie ist dichter besiedelt. Mehrere Straßen sind zu sehen. Man nähert sich der Zivilisation. Hinter der Küche habe ich die Waggontür offen und durch ein hüfthohes Gitter ersetzt gefunden. Das ist gut zum Fotografieren, denn die Fensterscheiben sind ja nun mal staubig. Aber nach zwei oder drei Fotos ist mein Film alle, und als ich zurückkomme, ist das Gitter weg, und die Tür wieder zu. Ich nutze die Gelegenheit und sehe mir mal die ausgebucht gewesene 1. Klasse an, für die ich ja bezahlt habe: Das ist der Wagen Nr. 7 - und ein Unterschied wie Tag und Nacht! Salon gegen Kasernenstube! Die Fahrpreisdifferenz zurückzuverlangen, ist nicht mehr als recht und billig. - Der Zug fährt mit Tempo 60 bis 70 km/h dahin. Das Wetter ist einmalig. Der Himmel wolkenlos. Überhaupt ist das Wetter eine der größten Überraschungen dieser Reise. Meinen Koffer habe ich gepackt.

Der „Professor“ ist auch fertig, also sind wir soweit. Wir werden anschließend noch 60 Kilometer zum See hinunter fahren und eine Nacht im Hotel am See bleiben. Danach ziehen wir um ins „INTOURIST IRKUTSK“ in der Stadt und dann geht es übermorgen, am 19ten, weiter nach CHABAROWSK. Mit meinen Filmen bin ich bis jetzt sparsam umgegangen. Manche haben schon keine mehr. Wir halten für zwei Minuten. Aussteigen nicht möglich. Mittlerweile sind es nur noch gut anderthalb Stunden bis Irkutsk. Die Landschaft ist schon wieder eine andere: Man sieht jetzt viel Ackerbau links und rechts der Bahn, und die Birken stehen nur noch in dünnen Reihen an beiden Seiten der Geleise. Der Boden ist kohlschwarz wie in der Ukraine und umgepflügt bis zum Horizont. Möglicherweise ist das eine Nachfolgekolchose oder so was. Wir überqueren eine Straße. Auf einem Streckenwärterhäuschen steht in großen Buchstaben DISK, was das auch heißen mag. (Ich schalte mein Diktiergerät auf doppelte Bandgeschwindigkeit. Es ist abzusehen, daß ich mit den Bändern auskomme. Ich habe drei Stück dabei, und dieses ist noch das erste). Unser Zug bremst. Ein Bahnhof ist aber noch nicht zu sehen. Das Gangfenster liegt auf der Kurvenaußenseite, so daß keine Sicht nach vorn gegeben ist. Die Sonne brennt heiß vom Himmel durch die angestaubten Scheiben. Die Lok wird jetzt auf der Kurveninnenseite sichtbar. Ein Bahnhof aber nicht. Drüben rechts steht ein Streckenläufer. Er beguckt sich seine Schienen, und die Frau Hanka (Camilla) weckt „ihre Kleine“, die immer noch schläft. Ich mache meine Tasche noch mal auf, weil ich ein neues Band brauche, und finde eins auf Anhieb. (Ich muß in den letzten Tagen ordentlicher geworden sein.) Wir erreichen einen Bahnhof. Mal sehen, ob´s draußen was zu kaufen gibt. Gestern hatte ich mir eine Flasche Kefir auf dem Bahnsteig gekauft. Das war was Feines! Man wird - und das schon nach kurzer Frist - bescheiden, ohne etwas zu vermissen. Das heißt, wenn Verzicht auf nicht Vermißtes Bescheidenheit sein kann. Ein paar Geleise weiter steht eine ausgeschlachtete Dampflok. Noch mit dem Sowjetstern vorne dran. ORODINA, oder so ähnlich, heißt das hier. Der Blickwinkel ist zum Lesen zu ungünstig, und die Schrift ist auch nur klein. Wir halten nur drei Minuten, können also sowieso nicht raus. Wieder ein Streckenläufer. Er hat seinen kleinen Jungen bei sich, und es sieht aus, als lerne er ihn schon an, während der Kleine achtgibt, was der Papa da macht und ihm zeigt. Riesige schwarze Brachflächen tauchen auf. Alle frisch geeggt. Weideflächen folgen. Eine Überlandleitung. Der Zug fährt langsam - höchstens 30 km/h. Zum ersten Mal benutze ich mein Fernglas - nur um zu sehen, ob die Bauern in einiger Entfernung Rüben oder Kartoffeln ernten. Es sind Kartoffeln. Und wieder nähern wir uns einer Stadt. Es ist kurz vor acht. Im Dunst ist aber nicht viel zu erkennen. Wir fahren nur noch schritt. Rechts von uns zwei lange Tankzüge mit achtachsigen Kesselwagen. Vermutlich sind wir in ANGARSK. Es ist eben nicht so, daß wie bei uns, auf allen Bahnsteigen Stationsschilder mit dem Ortsnamen angebracht sind. Man macht ihn eher zum Geheimnis für den Fremden. Das ist noch aus der Sowjetära, und in der Zarenzeit war es auch schon so. Der Reisende durfte an sein Ziel, aber wo er unterwegs gerade war, konnte ihm egal sein. Vielleicht sollte man jedoch versuchen, diese Haltung zu verstehen: Durch dieses Land, dessen immense Ausdehnung den Rahmen normaler Vorstellung sprengt, führte nur eine einzige Bahnlinie! Daß diese Bahn von ungeheurer strategischer Bedeutung war, erklärt das Bestreben, nicht jeden gleich wissen zu lassen, welche Station das ist, die technisch so und so beschaffen ist bzw. aussieht. Heute hat man für Schilder lediglich kein Geld und andere Sorgen.

Die letzten Minuten der Fahrt brechen an. Jedenfalls im BAIKAL. Alles ist gepackt. Das Bettzeug zusammengerollt. Mal sehen - ist das schon IRKUTSK hier? Nein, nur ein kleinerer Bahnhof. Wir sind in IRKUTSKSORTONOWOTSCHNIJ. Rechts rollt ein Güterzug an uns vorbei. Unser Signal steht auf ROT. Es ist, wie schon gesagt, herrliches Wetter. Und warm ist es auch. Wir haben GRÜN. Noch ein letzter Anlauf. Es ist 8.59 Uhr Moskauer Zeit.

Wir sind in IRKUTSK!

(Und das nach 5.400 km und 84 Std. Fahrzeit - eine Minute zu früh!)

Teil 2: Irkutsk

Eine sibirische Sonne, blauer Himmel und 26 Grad im Schatten könnten vergessen machen, wo wir sind, wären da nicht die riesigen kyrillischen Buchstaben auf dem Dach des Bahnhofsgebäudes, vor dem wir nun schon eine Weile stehen und auf unseren Bus warten. Das Gepäck haben wir abgegeben. Darum wird sich gekümmert. Ich würde gern eine Ansichtskarte nach Hause schreiben. Gibt's aber keine! Ich frage an jedem Kiosk beiderseits des Bahnhofsvorplatzes - nichts! Im Hotel vielleicht, heißt es. Eine Schwadron Kavallerie könnte man hier versorgen, aber Ansichtskarten - Fehlanzeige! Alfons sucht wohl auch welche. Er läuft von einer Bude zur anderen. Karl Böttcher und der Rudi sind am Filmen. Der Rest macht „small talk" und wartet. Von den „Platformas", den Bahnsteigen, hallen diverse Lautsprecherdurchsagen herüber. So unverständlich wie zu Hause auch, wenn sie gegen den Donner der einlaufenden Züge ankämpfen. Der Bus kommt.

Wir fahren auf der „längsten Brücke der Stadt" über die ANGARA. Richtung INTOURIST-HOTEL, wo ein Zwischenstopp zum Kennenlernen unserer morgigen Behausung vorgesehen ist. Es liegt ca. 200 Meter neben dem Ostufer des Flusses. Anschließend geht es zum BAIKAL-HOTEL und dann zum Angara-Picknick. - Eine schöne, freundliche Stadt ist das hier. - Wir sind inzwischen mit unserem Bus schon wieder außerhalb der Stadt und fahren auf einer guten Straße durch Mischwald. Eine Postkarte habe ich ergattern können, aber keine Briefmarke. Eben greift Anatol zum Mikrofon und sagt, daß wir aus Zeitgründen - hier ist es ja schon fünf Stunden später - nicht ins Hotel, sondern gleich zum Picknick fahren. Ist mir auch recht. Wir fahren noch eine Weile bis wir ein lichtes Waldstück erreichen, von dem aus eine große Wiese zur Angara hinüberführt. Ein langer, überdachter Tisch steht bereit. Daneben ein Kiosk und ein langer Grill, über dem die Spieße mit dem Schaschlik schon einen verlockenden Duft verströmen. Der örtliche Picknickveranstalter, der schon Präsident Jelzin und Kanzler Kohl bewirtet hat, begrüßt uns einzeln in sehr gutem Deutsch, und wir fangen an zu tafeln. Es gibt Fleisch, Salate, Lachs, Brot, Dessert und Getränke. Wir amüsieren uns köstlich, der Wirt spielt dazu auf seiner Ziehharmonika, und ich lerne, was Camilla, Schorsch und Alfons noch so an unanständigen Trinksprüchen draufhaben. Nach dem Essen mache ich erst mal ein paar Bilder und gehe anschließend zum Ufer der hier gestauten Angara hinüber. Ein gewaltiger Fluß im wahrsten Sinne des Wortes. Die ungeheure Wasserkraft der Angara ist, bei einer Strömungsgeschwindigkeit von 9 m/sek (das sind fast 33 km/h!), größer als die der Wolga, des Don und der Kama zusammen. Der Weg zum Ufer des Flusses ist wegen der vielen feuchten Stellen auf der Wiese, die man immer erst zu spät sieht, ziemlich beschwerlich. Ein Bootsanleger hat es mir als „Kamerastandpunkt“ im Wasser angetan, doch leider ist die Bohle, über die man hinaufgelangt, durchgebrochen. Ich müßte durch fast ein Meter tiefes Wasser waten, was ich mir unter den gegebenen Umständen natürlich schenke. Jetzt aber kommen mir meine „Affenarme“ zugute, mit denen ich zeitlebens behaftet bin. Das heißt, ich nehme meine Praktica mit dem Weitwinkel in die linke Hand, strecke den Arm seitlich aus, drücke ab und erhalte ein Foto der reißenden ANGARA, dessen rechter Rand von meinem „edlen Profil“ beherrscht werden wird. Claudia, Camillas munteres Enkelkind, treffe ich, kaum zurück, auf dem Festplatz. Wir machen ein paar Fotos voneinander, und ich gehe zum Getränkekiosk, den ein junger Mann bewirtschaftet, der gut Deutsch und Englisch spricht. Er war

Picknick an der Angara:
„Neulich war sogar Präsident Jelzin mit dem deutschen Kanzler hier“, berichtet voller Stolz Gastgeber Andrej.

ein paar Monate in Deutschland gewesen. Englisch lernte er in der Schule. Natürlich schwärmt er von unseren Autos, von denen er zu gerne eines haben möchte. Ich mache ihm Mut mit der Versicherung, daß ein junger Mann, der so schnell lerne wie er, es sicherlich bald dazu bringen werde. Schließlich geht es zum Hotel. Mit Anatols Instruktionen gehen die Formalitäten schnell vonstatten. Einzelzimmergäste zuerst. Glück gehabt! Auf der Zimmerkarte steht mein Taufname. Die Russen am Empfang wissen zwar, daß wir den Familiennamen nach dem Vornamen nennen, aber sie wissen nicht, daß er in unseren Personalpapieren vorne steht. Also schreiben sie treu und brav die Vornamen ab, und so bin ich für die quirlige, freundliche „Dschurnaja", die mir auf der Etage den Schlüssel aushändigt, „GOSPODIN MAXIMILIAN".

Endlich im Hotel! Das heißt, auf meinem Zimmer. Der Reisestaub ist abgeduscht. Die Sachen, die ich brauchen werde, sind ausgepackt, und die Uhr ist auf Irkutsker Zeit um fünf Stunden vorgestellt. Draußen wird es etwas diesig, so daß man das gegenüberliegende Ufer nicht mehr sehen kann. Das Hotel ist nicht so riesig wie das in Moskau, eher klein. Es hat aber Atmosphäre. Die Betten sind ausgezeichnet, und ich habe, da es ein Doppelzimmer für mich alleine ist, sehr viel Platz. Vom Balkon habe ich eine phantastische Aussicht auf den See, dem die Dunstschwaden und die Stille etwas Mystisches verleihen. Ich werde jetzt versuchen, nach Hause zu telefonieren. Es geht per Direktwahl. - Das wäre erledigt. Versehen mit den besten Wünschen für eine weiterhin schöne Reise gehe ich auf die Hotelterrasse und blicke von der Balustrade über die glitzernde Wasserfläche. Das ist er also - der berühmte Baikal: Wie oft im Leben habe ich von ihm gehört oder gelesen. Und plötzlich, an einem schönen Sonntagabend, bin ich hier. - Manche Dinge dauern eben etwas länger.

Es ist, sage und schreibe, 20 nach Zwei in der Nacht. Ich kann nicht schlafen. Mir fehlt der Zug! Das vertraute, einschläfernde Rollen der Räder. Ob das anderen wohl auch so geht? Morgen mal fragen. Inzwischen nutze ich meine Schlaflosigkeit zum Ansichtskartenschreiben. Marken habe ich aber immer noch keine. Um 9 Uhr gibt's übrigens Frühstück. Vielleicht schlafe ich bis dahin noch etwas. Es sind ja noch sieben Stunden. Anschließend werden wir gegen 11 Uhr auf Stadtrundfahrt gehen. - Ich möchte ja wenigstens die Füße in den Baikalsee hineinbekommen, denke ich und lege mich auf dem Bett zurück.

Montag, 18. September

Ich habe gewaltig verschlafen. Um 9.30 Uhr war ich erst wach, und um Neun gabs Frühstück. Jetzt gibt's nichts mehr. Ich schütte mir einen lauwarmen Kaffee hinein, klaube auf den Tischen ein paar liegengebliebene Brotscheiben zusammen, haste wieder rauf ins Zimmer, schmeiße alles in den Koffer, trete noch mal rein, zu ist er, und jetzt runter. Der Bus wartet schon auf mich. Beim Einsteigen kommt Anatol angerannt - mit meiner Brieftasche. Das Stubenmädchen hat sie runtergebracht. Geld war keins drin gewesen, nur der Personalausweis. Ich lasse meinen Dank ausrichten, denn sie selber trat nicht in Erscheinung. Es geht los. Erstes Ziel: Baikalmuseum. Ein limnologisches Museum, das ich schon vor Jahren in einer Fernsehreisesendung gesehen habe, allerdings nur von innen. Den Vortrag hält Anatol, der ja (auf Sachalin geboren) in Irkutsk studiert hat, und somit orts- und sachkundig ist. Er spricht über Geologie, Fauna und Flora des Sees. Darunter ist so manches, was wir noch nie gehört haben, und wir sehen uns umherlaufend die zahlreichen, interessanten Exponate an, die eigentlich einen größeren Raum bräuchten, um gebührend zur Geltung zu kommen. Unter ihnen befinden sich auch einige präparierte Fische, zum Beispiel ein riesiger Stör, der einen ganzen Wassereimer voll Kaviar geliefert hatte. Der „Originaleimer“ steht daneben. (Ob die Putzfrau ihn heimlich benutzt? Oder ist es sowieso ihrer?) Im und am See leben auch Wasser- und Landtiere, die es auf der Erde sonst nirgendwo gibt. Andrerseits gibt es im Baikalsee auch Robben. Der See selbst enthält ein Viertel des „flüssigen“ Süßwassers der Erde, und die ANGARA müßte nach Absperren der Wasserzufuhr in den See, 200 Jahre lang fließen, um ihn zu entleeren, hören wir von Anatol. Bei dieser Gelegenheit erfahren wir auch, daß der dem Baikalsee äußerlich ähnliche, aber Salzwasser enthaltende Tanganjikasee in Ostafrika Gegenstand vergleichender Forschungen der Limnologen sei. Nach einer guten Stunde in diesem einmaligen Museum fahren wir am Westufer des Sees in nördlicher Richtung dem Dorf Listwianka. Es liegt an einem ganzjährig fließenden Bach, ungefähr 400 Meter vom Seeufer entfernt. Ich hatte das Gefühl, durch ein schlesisches Dorf meiner Kindheit zu laufen, das Türmitz hieß und als Nachbarort meiner Heimatstadt gleich hinter der Grenze lag. Unbefestigte Straßen, Hühner laufen kreuz und quer, ein Kalb steht zwischen zwei Häusern im Garten. Ein Motorrad mit Beiwagen (BMW-Nachbau) steht vor einem Haus. Ein kleines Mädchen, hübsch herausgeputzt mit Schleifchen im Haar, bietet kleine Sträußchen an. Die Kirche „arbeitet“, ist aber gleichzeitig Souvenirladen. - In Rußland haben Geschäfte, Behörden, Institutionen nicht „geöffnet“, nicht „auf“, sondern sie „arbeiten“. Leider sind die Andenken - es handelt sich um wertvollere Gegenstände, u.a. Schnitzereien aus Mammutelfenbein - ziemlich teuer. Ich würde trotzdem einen kleinen, daraus geschnitzten Elefanten kaufen, aber die Einfuhr von Elfenbein ist bei uns ja aus Artenschutzgründen verboten. Nun gehört das eiszeitliche Mammut zwar zu den ohnehin längst ausgestorbenen Spezies, aber wie kann ich wissen, ob ein „erst“ hunderttausend Jahre zurückliegender Akt von Wilderei eines sibirischen Eiszeitjägers nach bundesdeutschen Recht schon verjährt ist? Der „Professor“, als Rechtsgelehrter, grient nur. Also lasse ich es. (Solche Ausflüchte drängen sich auf, wenn einem etwas lediglich zu teuer ist.) Auf dem Rückweg sehe ich einen von unserer Gruppe neben einem alten Dorfbewohner vor dessen Haus auf einer Bank sitzen. Als wir herankommen, winkt der Besitzer uns zu und sagt: „kommen nach Hause!“, und wir folgen ihm, gerne und neugierig gleichermaßen, in sein Haus. Vom Interieur sind wir überrascht. Die Innenwände des schweren Holzhauses sind mit weißer Lackfarbe gestrichen. Er hat zwei Fernseher, Kühlschrank, Waschmaschine, ein modernes Haushaltsgerät, und draußen, hinter dem grüngestrichenen Gartentor steht, von der Straße aus nicht sichtbar, ein Mittelklasse-PKW Marke GAS. Der „Böttcherkarl“ filmt, und unser „Traumpärchen“ sitzt am Tisch des Hausherrn, dem der junge Mann auf Befragen sagt, daß er Markus heiße. (Seine Freundin, mit Madonnenfrisur, heißt Petra.) Er, der Gastgeber, hat in und am Haus seiner Vorfahren eigentlich alles, was der moderne Mensch von heute braucht. Die Zeit verstreicht, der Fahrer wartet, und so schlendern wir in kleinen Gruppen zum Bus an der Uferstraße zurück. Dabei gerät Karls Frau in ein Schlammloch. Sie wird gerettet. Neues Ziel ist ein Museumsdorf, das früher auf dem Grund des jetzigen Angara-Stausees gestanden hatte und auf einer Lichtung für die Nachwelt wieder aufgebaut worden ist. Zuvor aber gehe ich mit ein paar anderen noch ins Wasser. Wir albern darin herum, nur mit den Füßen, versteht sich, und Claudia hilft mir mit einem Druck auf den Auslöser meiner Praktica nachzuweisen, daß ich am 18. September ANNO 1995 im Baikalsee bei Irkutsk ein Fußbad genommen habe. Mit sauberen

Füßen und nassen Socken machen wir uns auf letztere zum Bus, der an der Ufermauer bei einem kleinen Hafen auf uns wartet. Wir fahren sofort ab und sind nach rund einer halben Stunde am Ziel. Wir haben strahlend schönes Wetter, und wenn es stimmt, daß der Himmel lacht, wenn Engel reisen, dann müssen wir eine Schar reisender Cherubim sein - zwar nur noch bedingt flugfähig, aber immerhin... Das letzte Museumsdorf habe ich vor etwa zwei Jahren im Spreewald gesehen, ein anderes lange zuvor in der Eifel. Und was meines Erachtens allen gemein ist, ist ihre Aussage über die Mindestbedürfnisse des Menschen früherer Zeiten an Werkzeug und Gerät im Daseins- und Überlebenskampf gegen eine oft übermächtige Natur. So scheinen mir die Unterschiede hauptsächlich klimatisch bedingt zu sein. Das sibirische Dorf, in dem wir jetzt sind, unterscheidet sich von den beiden anderen in erster Linie durch die riesigen Öfen in seinen Wohnhäusern. Die Gerätschaften dagegen sind 7.000 Kilometer weiter östlich praktisch die gleichen.

Die Stadtrundfahrt führt uns durch eine außerordentlich schöne, weiträumige Stadt. Neben der Universität verfügt Irkutsk, als Hauptstadt Ostsibiriens, über mehrere Hochschulen und spielt auch wirtschaftlich eine bedeutende Rolle. Am Zar-Alexander-Denkmal, das momentan, das heißt bis zur Wiederaufstellung des ursprünglichen Reiterstandbildes, aus einem Obelisken besteht, steige ich aus und mache mich für den Rest des Tages selbständig. Ich tausche etwas Geld ein und versuche, ein Geschäft zu finden, in dem ich eine hübsche Küchentischdecke mit rustikalem Muster kaufen kann. Leider stimmen die uns genannten Ladenschlußzeiten nicht, und es ist schon alles zu. Uns fehlen in Irkutsk die Stunden, die wir in Moskau vertrödelt haben. Aber Geld brauche ich trotzdem, weil ich dem Schorsch 200.000 Rubel schulde. Schorsch, Rudis Spezi, das muß man sagen, hat eine Mordskondition: Schon „schwer angeschlagen“ überraschte er uns mit einer Soloeinlage auf dem Tanzboden und trank dabei immer weiter. Heute geht´s ihm freilich ziemlich schlecht, weil er seinen Kater in Unmengen eiskalter Limonade ertränken wollte. - Ich laufe noch etwas kreuz und quer durch die Stadt, gehe zum Alexanderdenkmal zurück und zum Fluß runter, an dessen Ufer das Monument ja steht. Vom Denkmalplatz führt eine große Freitreppe zum Wasser hinunter, und ich mache dort ein paar Aufnahmen mit Selbstauslöser. Die Böttchers kommen. Bleiben oben an der Treppe stehen; sehen mich aber nicht. Ich laufe dann die Angara entlang in Richtung INTOURIST Hotel, unserem heutigen Domizil, das übrigens eine Postagentur im Hause hat, so daß wir endlich zu Briefmarken gekommen sind. Gleich beim Einchecken bin ich hin. Später war ein ziemlicher Andrang, und Ansichtskarten hatten sie heute auch. Es ist eine halbe Stunde vor Sonnenuntergang, und ich bin immer noch auf der Uferpromenade. Sie liegt ca. drei Meter oberhalb der Wasserfläche. Unten, wo die Uferböschung bei ziemlich spitzem Winkel nicht befestigt ist, liegen Kieselsteine; ähnlich den „pebbles“ an der englischen Kanalküste. Dann macht die Böschung einen Knick und geht in den oberen, betonierten Teil über. In der Krümmung der Uferlinie des Flusses, die hier eine weite Ausbuchtung aufweist, ähnelt die völlig kahle Betonböschung einer Stadionkurve mit abmontierten Sitzen. Auf dem Wasser ist wenig Verkehr. Doch da kommt ein Polizeiboot. Wie aus dem Nichts rauscht es aus der Flußmitte heran, in die Bucht hinein, an deren Ufer ich stehe, und dreht ebenso plötzlich wieder ab. Es wird ihm doch nicht ein fremdes Gesicht suspekt gewesen sein, nachdem ich schon eine ganze Weile hier stehe und übers Wasser „luge“? Wir waren übrigens bei der Erlöserkirche und in der Kirche MARIA ERSCHEINUNG: Als wir eintreten, wird gerade eine Totenmesse gelesen, und so habe ich zum ersten Mal Gelegenheit, einen Russisch-Orthodoxen Gottesdienst zu erleben. Die Trauergemeinde besteht offensichtlich nur aus der Familie. Drei schwarzgekleidete Frauen singen mit klaren Stimmen. Der Pope, ein noch sehr junger Mann, zelebriert mit dem Rücken zur Gemeinde an einem nicht von überall sichtbaren Altar in einer Nische. Nach etwa zehn Minuten zupft mich was am rechten Hosenbein: Es ist ein putziger, kleiner Junge - vielleicht etwas über zwei Jahre alt. Ich beuge mich zu ihm runter. Da streichelt er mich mit seinen Patschhändchen und sagt: „Bonbon, Bonbon“. Aber ich habe doch keine Bonbons, und in der Nähe gibt es auch nichts zum Naschen zu kaufen. Also stecke ich ihm einen Tausender (dreißig Pfennig) in die Tasche seines Latzhöschens. Danke sagen kann er noch nicht, aber Küßchen gibt er. Und er ist nicht nur frischgewaschen, sondern duftet sogar nach teurer Seife. Jemand lacht und sagt: „Den schickt seine Mutter doch betteln.“ Das glaube ich nicht. Und wenn schon - Was soll so ein kleines Kerlchen denn schon „anschleppen“? Ich bin jedenfalls hundertprozentig sicher, daß ich in diesem Alter nie so gut geduftet habe.

In einem Nebenschiff der Kirche wird dezent Souvenirhandel betrieben. Die Kirche hier braucht nun mal das Geld. Ich kaufe einen hübschen, aus drei Miniatur-Ikonen bestehenden, handtellergroßen Klappaltar. Ich höre, es sei Touristenware. Natürlich - ich bin ja auch Tourist! Außerdem unterliegen echte Ikonen - abgesehen von ihrer relativen Unbezahlbarkeit - einem Ausfuhrverbot. - Wie ich schon sagte, ist Irkutsk eine sehr schöne Stadt. Ich hätte das nie erwartet, wie ich es ja auch nicht von der Landschaft erwartet hätte. Sie ist sehr modern. Es gibt so gut wie alles zu kaufen; ganz im Gegensatz zu den Möglichkeiten für den Reisenden unterwegs. Es gibt ein riesiges Warenhaus hier - UNIVERMAG (Universalmagazin), aber ich hatte aus Zeitgründen keine Gelegenheit, hineinzugehen. Man wird immer nur durch Museen, Kunst- und Kultstätten aller Art geführt, wogegen nichts zu sagen ist, nur bleibt dann eben keine Zeit, sich mit dem Alltag, mit dem Normalen zu beschäftigen. Die Stadt ist, 1652 als Kosakenstützpunkt gegründet, fast 350 Jahre alt. Von hier aus ging die Eroberung des Ostens weiter. Der Pelzhandel hatte hier mit dem Zobel sein Zentrum und seine Glanzzeit. Es wurden Gold und Diamanten gefunden. Maschinenbau und Kriegsindustrie siedelten sich an. Die Stadt hat für ihr Alter viel gesehen. Was ihre Menschen, einst Verbannte, Zwangsarbeiter und Gefangene, im Laufe der Zeiten erlebt haben, bleibt ein Kapitel für sich. - Doch zurück zum Fluß: Ich bin noch immer auf der Promenade, die zur Stadt hin von Birken und Büschen begrenzt wird. Ich würde gerne ein Foto vom Sonnenuntergang an der Angara machen, aber ohne Teleobjektiv hätte ich zuviel Vordergrund drauf. In einer Viertelstunde gibt es Abendessen, und so mache ich mich auf zum Hotel. Dort, wo der Weg zum INTOURIST vom Ufer wegführt, steht ein Andenkenhändler, der „Millionen" Figürchen auf dem Boden und auf der Mauer ausgebreitet hat, und hier finde ich auch - wenn auch nicht aus Elfenbein, sondern aus Meerschaum - ein kleines Mammut für vier Dollar. Es ist hübsch und paßt gut in die heimatliche „Serengeti" in einem offenen Fach der Wohnzimmerschrankwand, wo meine Frau „Herrin über hundert Elefanten" ist. Doch nun zum Hotel! Weil ich es nicht gleich sehe, frage ich eine junge Frau mit Kinderwagen nach dem Weg. „Kde Hotel Intourist?" Sie schüttelt den Kopf. Ich erinnere mich, daß die Russen kein h sprechen, und auch nicht „Hotel", sondern „Gasthaus" sagen. Also dann nochmal: „Kde Gostinitza Intourist?". Na bitte! Jetzt lacht sie, zeigt nach vorn und sagt: „pjet minut" - fünf Minuten. Und da sehe ich es auch schon. Es liegt hinter der Straße, die parallel zur Uferstraße verläuft. Das Hotel, von außen äußerst schlicht, bemüht sich um modernen Standard. Wirkt innen teilweise gar exklusiv. Leider sind die Betten miserabel. Hat man an den Zimmern alles wieder eingespart? So schlechte Betten hatte ich in noch keinem Hotel. Und das will was heißen! Zum Glück ist es ein Doppelzimmer. Ich nehme das Bettzeug vom Nachbarbett herunter und packe es auf meine Matratze, die meinem bestimmt nicht verwöhnten Rücken den Eindruck vermittelt, auf einer Leiter zu liegen. Aber das heißt ja nicht, daß alle Zimmer solche Betten haben müssen. Blieben wir länger, gäbe man mir sicherlich eine andere Matratze. Doch nun wird es Zeit, nach unten zu gehen und mich zu den übrigen zu gesellen, auf daß wir gemeinsam unseren kleinen, harmlosen Lastern frönen mögen, bevor wir morgen früh wieder den Zug besteigen, um weiter in die fernöstliche Unendlichkeit hineinzufahren. Doch bis es soweit ist, werden noch einige Bierchen fließen und einige leere Wodkaflaschen den Weg allen Glases gehen. Übrigens - als ich mir den ersten Wodka Tonic bestelle und dem Barkeeper sage, er möge den Wodka-Anteil im Glas doch bitte von fünfzig auf hundert Gramm erhöhen und dieses Verhältnis künftig beibehalten, guckt der mich ganz entgeistert an. - Es wird mich doch kein Russe für einen Trunkenbold halten?

Teil 3: Irkutsk - Chabarowsk

Dienstag, 19. September, 4.45 Uhr Ortszeit

Von der Angara weht es kühl herüber, und ein müder Haufen inhaliert fröstelnd die belebende Frische. - Mit bleiernen Gliedern stehen wir auf der Hotelterrasse und sehen aus noch sehr kleinen Augen zu, wie unser Gepäck verladen wird. Wer Erste Klasse gebucht hat, hören wir, fährt ab jetzt auch Erster Klasse. Da kommt endlich der Bus. - Es geht die Angara entlang, und ich plaudere ein wenig mit der pensionierten Studienrätin - meiner Landsmännin aus Leobschütz. Dabei kommen wir an der großen Angara plötzlich auf die kleine OPPA zu sprechen. Und da die Oppa - in der ich geplanscht und schwimmen gelernt habe - der erste linke Nebenfluß der Oder ist, versuchen wir, die linken Nebenflüsse der Oder aufzusagen. Doch so leicht ist das gar nicht, und der Merkreim fällt mir nach so langer Zeit auch nicht ein. Da aber zeigt sich die ehemalige Lehrerin - sie denkt kurz nach und zählt auf: „Oppa, Zinna, Hotzenplotz, Glazer Neiß´, Bober mit dem Queiß, und die Lausitzer Neiß´". Das also wären die linken Odernebenflüsse. Und da ist auch schon der Bahnhof.

Es ist noch stockdunkel, als ich mit einem weitgereisten Koffer und zwei ineinandergepackten Taschen zu einem „Sumoringer" in russischer Eisenbahneruniform aufsehe, der mich auf Englisch freundlich um meine Fahrkarte bittet, aber außer „YOUR TICKET, PLEASE!" leider kein Wort Englisch versteht. Anatol, der unsere Fahrkarten hat, klärt ihn auf, und ich darf einsteigen. Er ist wirklich nicht so schön wie der „BAIKAL", aber schmutzig ist der „ROSSIJA", der uns nun für die nächsten drei Tage bis Chabarowsk beherbergen wird, nicht. Wir „Erstkläßler" sind im Wagen Nr. 9, die übrigen in

Nr. 2 untergebracht. Der Speisewagen liegt dazwischen, gleich vor Nr. 8. Wir haben es also nicht weit. Etwas schäbig ist mein Abteil schon. Über die ursprünglich unifarbenen Polster hat man rotgeblümten Dekostoff gespannt. Auch über die Lehnen, von denen er aber immer wieder herunterfällt und das in Ehren verblichene Original freigibt, was in mir jedoch auf Nachsicht trifft; ist es doch nur für knapp drei Tage. - Statt der oberen Betten haben die Erste-Klasse-Abteile an der Vorder- und Rückwand je einen Spiegel und dazu den an der Tür, in dem man das Vorbeieilen der Landschaft auf dem Rücken liegend vom Bett aus verfolgen kann. Es riecht nach Desinfektionsmittel hier. Allerdings lange nicht so stark wie z.B. im Interzonenzug (un-) seligen Angedenkens von Köln nach Bln-Ostbahnhof. Wie mag es wohl bei denen in der 2. Klasse aussehen? Ich geh´ mal gucken, wie sie untergebracht sind... Im Wagen Nr. 2 herrscht lebhaftes Gedränge: Dort müssen sie jetzt nämlich größtenteils zu viert im Abteil fahren, wie es in der 2. Klasse der Transsib freilich auch üblich ist. Und das wird mit Gepäck eng. Die unteren Betten (es sind eher Pritschen), haben je einen Bettkasten unter der Matratzenauflage, in den ein großer Koffer und Kleinigkeiten hineinpassen. Für die Benutzer der oberen Betten steht ein sich über den Gang erstreckender Hängeboden zur Verfügung, dessen Öffnung innen über der Abteiltür liegt, und in den auch das nichtgebrauchte Bettzeug verstaut wird. Ich stelle fest, daß „der Professor", mein bisheriger Abteilgefährte, der doch auch die Fahrpreisdifferenz zurückfordern will, plötzlich im Vierbettabteil fährt. (Wie, um alles in der Welt, will er dort mit seinem Schlafsack zurechtkommen?) Ich bin sicher, er tat im BAIKAL mir gegenüber nur so, als ob er Erster Klasse gebucht habe, was mir gar nicht weiter aufgefallen wäre, hätte er nicht zu Beginn der Fahrt gesagt, daß er „immer das Bett *oben links*“ habe (das es in der ersten Klasse nicht gibt).

Es ist 5.10 Uhr Moskauer Zeit, und ich gehe zum Frühstück in den Speisewagen. Unser Zug fährt jetzt direkt am Wasser auf der sogenannten Schleife um die Südspitze des Baikalsees herum. Diese Schleife, deren Bau (1899-1904) mit großen Schwierigkeiten verbunden war, hatte es zunächst nicht gegeben, aber die so bestehende Lücke in der Strecke der Transsib konnte (ab Juli 99) solange mit einer Fährverbindung über den See geschlossen werden, für die der Eisbrecher „BAIKAL“ gebaut und eingesetzt wurde. Der Blick aus dem Abteilfenster auf den See ist beeindruckend.

Auch wenn dieser Zug nicht so gut in Schuß ist wie der BAIKAL, so wird dies durch ein Reisen im Erste-Klasse-Abteil doch mehr als aufgewogen. Auch habe ich jetzt das Abteil für mich alleine und habe weder ein heruntergeklapptes Bett noch einen Riesenschlafsack vor der Nase. - Ich komme gerade vom Frühstück. Dem ersten im ROSSIJA. Es ist insofern schlechter als im „BAIKAL“, als man hier die zweite Tasse Tee oder Kaffee extra bezahlen muß. Das kann mir aber egal sein, weil der Fahrpreis für die 1. Klasse einen beliebig großen Teekonsum des Fahrgastes einschließt. Am Ende des Waggons befindet sich unmittelbar vor der Tür des Dienstabteils ein großer Samowar, und der Schaffner bringt Tee soviel man nur will. Ich treffe ALFONS, unseren Weltenbummler, und wir erinnern uns beide, daß wir in den USA stets nur für die erste Tasse Kaffee bezahlt haben, die folgenden jedoch immer gratis waren. (Welch dankbare Aufgabe für eifrige Nachahmer!) Aber wie gesagt - wir haben ja unseren „eigenen“ Samowar.

Es ist 6.10 Uhr Moskauer Zeit. Mittagessen gibt es erst um 9.00 Uhr, also gegen 14.00 Uhr Ortszeit. Wir fahren gerade an einem Dorf vorbei. Auf der rechten Seite tauchen Streckenarbeiter auf, und unser Zug erreicht einen kleinen Bahnhof. Das Dorf besteht aus den gewohnten alten Häusern, wie wir sie schon die ganze Zeit sehen. Der Zug fährt langsam, hält womöglich. Wenn ja, wünschte ich mir eine Bäuerin mit einer Wurst auf dem Bahnsteig. Der Ort heißt MISOWAR. Ein blitzsauberer Bahnhof, aber wir fahren durch und werden schneller. Viele Frauen arbeiten im Streckendienst der TRANSSIB. Jedenfalls hier. Genauso wie bei uns tragen die Streckenarbeiter signalfarbene Anoraks, durch die sie weithin sichtbar sind. Der Bahnhof ist, wie man jetzt erst feststellen kann, doch ziemlich groß für eine ländliche Station. Auf den Abstellgleisen stehen sehr viele Güterwagen, deren Holzaufbauten zur Überholung oder Verschrottung der Fahrzeuge entfernt worden sind. Betonröhren liegen rechts von unserem Gleis. Ein riesiger Portalkran steht weiter drüben. Jetzt kreuzt eine Dorfstraße. Ein Motorrad mit Beiwagen, („BMW-SIBIRIEN"), steht am Rand. Ein Umspannwerk folgt, und unser Zug bremst wieder. Hier hat es geregnet; der uns begleitende Feldweg ist voller Pfützen. Links von uns immer noch der Baikalsee, an dessen Südufer entlang wir in Richtung ULAN UDE fahren. Wir sind inzwischen auf burjatischem Gebiet, und Ulan Ude bedeutet, wenn ich ANATOL richtig verstehe, soviel wie „Stadt an der UDE". Die UDE, oder auch die ROTE UDA, ist eine von den ganzjährigen Baikalzuflüssen, von denen es, wie wir inzwischen wissen, hunderte gibt. Bei ULAN UDE, der Gebietshauptstadt, zweigt die Strecke nach PEKING fast rechtwinklig ab. Wir aber werden „geradeaus", d.h. in nordöstlicher Richtung, weiterfahren. Bis jetzt sind wir aber immer noch am See, dessen anderes Ufer kaum zu erkennen ist. Es ist auch etwas Dunst vorgelagert, aber jetzt kommen wir an eine Bucht, deren Uferlinie scharf nach links, also nordwärts, abbiegt. Hier hat man Wellenbrecher aufgetürmt. Große weiße Felsbrocken, Kalkstein oder gar Marmor. (Bitteschön - wenn man partout nichts anderes hatte.) Mitunter sieht man jedoch speziell gefertigte Wellenbrecher aus Beton, wie sie auch an unserer Nordseeküste Verwendung finden. Im Anschluß daran folgen riesige Basaltbrocken; grau-schwarz, mit dazwischen aufgeschütteter Schlacke. Jetzt ein Nahverkehrshaltepunkt, KELNAJA, auf dem elegant geschwungenen Bogen der Uferlinie, dem die Geleise unseres Zuges folgen. Hier einer der kleinen Zuflüsse des Sees, deren größter die SELENGA ist.

Es scheint, als führe der „ROSSIJA" in umgekehrter Richtung. Das täuscht aber nur, weil unser Wagen mit dem Gang nicht (wie im Verband des „BAIKAL") in Fahrtrichtung rechts, sondern links gekoppelt ist. Links immer noch der Baikalsee, rechts Birkenwälder und Buschwerk. Bis jetzt ist die Landschaft, abgesehen vom See, nicht schöner als zuvor, obwohl hier, laut Prospekt des Reiseveranstalters, der schönste Abschnitt der ganzen Strecke sein soll. Nun, das ist eben Ansichtssache. Ich habe von Irkutsk her einen großen Nachholbedarf an Schlaf, und den werde ich jetzt etwas abbauen. Vorher werde ich aber noch mit dem Weitwinkelobjektiv eine Aufnahme von meinem Abteil machen, solange ich es noch für mich alleine habe.

Es ist 6.30 Uhr Moskauer Zeit. Wir halten auf freier Strecke. Links ist immer noch der Baikal. Ich sehe gerade, daß die Batterien meines Blitzgerätes leer sind, weil sich das Gerät durch den Druck in der vollen Tasche selber eingeschaltet hatte. Reservebatterien habe ich im Gepäck.

Inzwischen liegt der See hinter uns, der, zusammen mit seinem Abfluß, der schnellen Angara, unsere Reiseeindrücke der letzten beiden Tage weitgehend geprägt hat. Wir haben nun wieder das uns vertraute Landschaftsbild vor den Fenstern, allerdings bei leicht bedecktem Himmel heute. Am Baikal hatten wir gestern sagenhaftes Wetter, wie zuvor ja auch schon. Wir hörten, daß die Sonne an diesem See immer scheine und er mehr Sonnentage einfange als das Mittelmeer. Und doch geht von diesem See trotz all seiner Schönheit etwas Eisiges aus. Seine Wasser bleiben ewig kalt, und somit auch seine Ufer, an denen es die Blütenpracht südländischer Seen nicht geben kann und folglich auch nicht deren beschwingte Heiterkeit, in dieser frostgeknebelten Landschaft, der im Jahr nur Augenblicke bleiben, sich für Augenblicke schönzumachen.

Einen Stapel Ansichtskarten habe ich geschrieben, aber die für Bruno in Wiener Neustadt, meinen einzigen überlebenden Kriegskameraden, muß ich noch einwerfen, weil ich in Irkutsk auf den letzten Drücker keinen Briefkasten mehr gefunden habe. Werfe ich sie eben in Chabarowsk ein. Von dort bekommt er ja auch nicht alle Tage Post. Doch jetzt werde ich endlich eine Mütze voll Schlaf nehmen. - Wieder wach. Mein Bettzeug rolle ich zusammen, d.h. ich bin gerade dabei, als Anna Feodorowna, unsere Schaffnerin, hereinkommt und mir das Ganze nachsichtig lächelnd aus der Hand nimmt, als ob dies ihre Arbeit wäre. Sie hat den dicken Schaffner, bei dem ich in der Frühe eingestiegen bin und der mich erst nicht einsteigen lassen wollte, gerade abgelöst. Anna Feodorowna ist eine nette Fünfzigerin, hellblond, mittelgroß und um ihre Passagiere sehr bemüht. Es scheint wieder schön zu werden. Die Hälfte der Bewölkung ist bereits aufgelöst, und unser Zug macht auch wieder etwas mehr Fahrt. Jetzt durch einen Geländeeinschnitt mit felsigen Böschungen, deren obere Hälften mit Kiefern und ein paar Birken bestanden sind. Anna Feodorowna bringt mir einen Tee, an dem gemessen ich den aus Londoner Hotels gewohnten nur wegschütten könnte und den ich im Speisewagen bezahlen müßte, wo er allerdings kaum besser ist als der in London. Wir kommen jetzt langsam ins Gebirge, durch das wir in einer flachen Mulde fahren, in ungefähr 300 Metern von den Hängen. Die Strecke ist hier in Mischwald mit herbstlich verfärbten Birken eingebettet. Rechts von uns läuft eine Asphaltstraße mit Mittelstreifen und stellenweise auch mit Leitplanken. Und wieder passieren wir einen engen, felsigen Einschnitt. Links jetzt noch eine andere Straße. Einfacher, ohne Markierungen. Ein Fluß kommt. Möglicherweise die SELENGA. Es muß die Selenga sein. Der größte Fluß, der in den Baikalsee mündet. Gleich nach der vor uns liegenden, kilometerlangen Brücke knickt die Strecke fast rechtwinklig nach Süden ab, und wir werden wahrscheinlich nochmal über den Fluß fahren, dem unser Zug in gleichbleibendem Abstand zum Ufer folgt. Wir erreichen eine weite Bucht des Flusses, in der sich zahlreiche bewachsene Inseln mit kahlen Sandbänken sporadisch verstreut abwechseln; und wir fahren jetzt so dicht am Wasser, daß man stellenweise vom Fenster aus hineinspringen könnte. Es kommt eine hügelige Landschaft und mit ihr eine willkommene Abwechslung. Rechts neben uns der Fluß mit vielen Buchten und Ausuferungen, auf der anderen Seite die Hügel, mit Nadelbäumen bestanden, und das Dunkel der Koniferen bildet mit dem goldenen Herbstlaub und den weißen Stämmen der Birken einen malerischen Kontrast. Weite Sandbänke und dicht am Ufer stehende Siedlungen kommen ins Bild, zum Teil mit neuen kleinen Häuschen und Walmdächern. Die Satteldächer, zum Teil unsymmetrisch, herrschen aber noch vor. Schon wieder eine Sandbank. Eine riesige, diesmal. Ein Teil der Uferbepflanzung steht unter Wasser. Ob immer oder nur beim augenblicklichen Wasserstand sei dahingestellt. Sehr viel Hochwasser kann dieser Fluß zu gegebenen Zeiten sowieso nicht führen, sonst stünden hier kaum so alte Häuser. Die wären längst weggerissen worden. Vielleicht ein bis drei Meter, mehr bestimmt nicht. So, jetzt werde ich mal in den Speisewagen gehen. Dort bin ich lange nicht gewesen. Ich kann damit aber auch noch warten. Wir sind jetzt nämlich an einer Stelle des Flusses, wo er gut einen halben Kilometer breit ist, wenn nicht noch breiter, denn über Wasser verschätzt man sich ja leicht. Übrigens sieht man ab und zu ein Ruderboot, aber kein richtiges Schiff. Ist die Selenga überhaupt schiffbar? Weiß ich gar nicht. Mal fragen.

Es ist 10.00 Uhr Moskauer Zeit. Ich bin vom Mittagessen zurück. Als ich vorhin zum Speisewagen gehen wollte, kam die Einfahrt nach ULAN UDE dazwischen, und ich bin erst mal ausgestiegen. An der Tür zupfte mich Anna Feodorowna am Hemd und deutete an, daß es draußen kalt sei und ich mir was überziehen solle. Anna fühlt sich für mich verantwortlich, glaube ich. Vielleicht, weil ich ohne Frau reise, die auf mich aufpaßt. Es ist tatsächlich kalt, als ich rauskomme. Als erstes kaufe ich mir eine große Flasche gutes Mineralwasser; laufe dann etwas umher, mache Fotos und bestaune einen Rosenbusch, den man mit der Heckenschere zu einem „Bären mit Jungen“ zurechtgestutzt hat. Auf dem Bahnsteig vor dem Hauptportal treffe ich Böttchers Frau Hannelore sowie Camilla und Claudia, die ein „Bärenfoto“ mit mir macht, bevor ich sie alle drei „ablichte“ und dann noch ein wenig das Bahngelände erkunde. Lokwechsel ist übrigens auch. Ich will gerade hingehen, da sehe ich Anna Feodorowna, wie sie ständig um sich blickend auf den Gleisen herumläuft. Sie sucht, wie sich bald herausstellt - mich. Die Schaffner der TRANSSIB sind nämlich auch für die Vollzähligkeit der Passagiere verantwortlich, und ich könnte mich ja alleine verlaufen und den Zug verpassen, und wem das von uns passiert, der bekommt freilich Probleme. Sie sieht mich und möchte mich am liebsten gleich zum Zug zurückzerren. Ich mache ihr klar, daß ich noch Zigaretten brauche. Also kommt sie eben mit zum Kiosk. Ich verlange die Sorte MAGNA, und Anna, in Uniform ganz Amtsperson, staucht den Inhaber zusammen wie einen nassen Sack, weil der sich so lahm bewegt, worauf er sich entschuldigt und vor uns beiden je einen 'Bückling' macht. Dann gehen wir zusammen zum Zug zurück, und kaum bin ich im Abteil, bringt diese Schaffnerin (pardon - Oberschaffnerin, wie ich inzwischen weiß) mir einen heißen, süßen Tee, auf daß ich mich aufwärme. Wenn das kein Kundendienst ist... (Dabei bin ich nah am Schwitzen). Das neue Mineralwasser ist sehr gut, und eine lange Kochsalami habe ich auch ergattert. Allerdings nicht für mich alleine, sondern auch für den Karl, dem wir seine Wurst im „BAIKAL" buchstäblich weggefressen hatten. Die lange Wurst, ein gutes Pfund, kostet umgerechnet ca. sechs Mark. Das ist billig. (Für uns, mit D-Mark in der Tasche!) Zu Mittag gab es übrigens Kalbfleisch, grüne Erbsen und Bratkartoffeln mit gemischtem Salat. Dazu Grapefruitsaft und Tee. Inzwischen bin ich wieder im Abteil, und unser Zug fährt durch ein Tal, das vielleicht zwei Kilometer breit und von bewaldeten Hügeln gesäumt ist. Die Birken werden hier nach und nach seltener. Nadelhölzer herrschen deutlich vor, und wir nähern uns wieder einem Bahnhof. Da stehen erneut diese fabrikneuen grünen Gelenk-Güterzuglokomotiven. Ein Gegenzug, aber kein Bahnhof. Und weiter geht es mit dem monotonen Ra-ta-tatam auf nichtgeschweißten Geleisen...

Halb elf Moskauer Zeit. Wir durchfahren einen Bahnhof und sind immer noch in dem Tal zwischen den beiden Hügelketten. Ich muß jetzt mal meine Ansichtskarten und Briefmarken sortieren. Das Porto für eine Karte beträgt 1.900,- Rubel. Weil es einen solchen Markenwert aber nicht gibt und auch keine Tausendermarken vorrätig waren, braucht man jedes Mal 2 x 500 und 3 x

300 Rubel, also fünf Marken pro Karte, was alle in Schwierigkeiten bringt, die schon vorher die Adressen geschrieben hatten und jetzt keinen Platz mehr für die Marken auf der Karte finden. (Was für ein aufregendes Reiseabenteuer!) Draußen gibt es nichts Neues. Abendessen erst in viereinhalb Stunden. - Der Zug bremst und hält. Es sieht aber nur nach einem Haltepunkt aus. Da geht es auch schon weiter. Die Züge waren bis jetzt äußerst pünktlich! Aber da ist der richtige Bahnhof. Ich steige aus. Zwanzig Minuten Aufenthalt. Wir sind in PETROWSKIJ SAWOD (Petrowski-Werke). Riesige Fabrikanlagen links und rechts der Bahn. An den Gleisanschlüssen liegen ungeheure Mengen Stahlschrott. Zu kaufen gibt es nichts, und auch sonst ist draußen nichts los. Die Ostpreußin treffe ich neben dem Gleis, und die trauert natürlich noch dem gestohlenen Ring nach.

Inzwischen rollen wir wieder. Ich wollte die Karte für meinen Kriegskameraden Bruno einwerfen, aber Anatol hat mich zurückgehalten, weil die Zeit zu knapp gewesen wäre und man sich nicht darauf verlassen kann, daß der Zug so lange hält, wie angekündigt. Muß ich eben bis Chabarowsk damit warten. Wollte ich ja sowieso. Die Schaffner machen Schichtwechsel. Anna geht, und der Dicke von heute früh kommt wieder. Auch er ist sehr freundlich und hilfsbereit, aber wie er heißt, weiß ich nicht. Nur Annas Name steht an der Tür. Wir sind noch immer im Bahnhofsbereich von PETROWSKIJ SAWOD. Auf einem Nachbargleis steht ein Tankzug mit achtachsigen(!) Kesselwagen. Hier war seinerzeit erst eine Fabrik und danach die Wohnsiedlung gebaut worden. Auf dem Bahngelände liegen schier unübersehbare Mengen von Hochofenschlacke in zum Teil kürbisgroßen Brocken. Wieder ein Baikalzufluß. Wir fahren drüber. Es sind übrigens nicht nur Birken, die da herbstlich bunt leuchten, sondern auch Nadelbäume, das heißt Lärchen. Rechts am Berg begleitet uns wieder eine Stra-

Der ROSSIJA hält in PETROWSKIJ SAWOD:

„Wagen kettet sich an Wagen mit Mensch oder Vieh, und fort fährt man.“ - Hans Christian Andersen

ße. Sie ist ziemlich steil, und zum Abhang hin mit großen Steinquadern statt mit Leitplanken gesichert. Auf einem der Blöcke steht groß mit weißer Farbe „1983". Vermutlich das Baujahr dieses Abschnitts. Auf der linken Seite ein Getreidefeld. Hafer oder Roggen, glaube ich. So genau kann man das aus der Distanz nicht sehen. (Aber so spät im Jahr?)

Es ist 8.50 Uhr Moskauer Zeit. Ich komme gerade aus dem Speisewagen, wo wir einiges für den Umsatz und das steuerpflichtige Einkommen des Betreibers getan haben. Wir haben getrunken, uns blendend unterhalten, und ein Teil hat auch mit hohem (Rubel-)Einsatz Skat gespielt. Mein jetziger Abteilnachbar hat mich angesprochen und gesagt, daß er mich anfänglich für einen Sonderling gehalten habe, nun aber erfreut sei, daß er sich getäuscht und mich zum Nachbarn habe. Er heiße ANTON, sei Bezirksschornsteinfegermeister und Inhaber einer Heizungsfirma mit 35 Beschäftigten. Er erzählt mir, daß er sich mit dieser Reise einen Jugendtraum erfülle. Also genau wie ich - nur, daß ich nicht auf Brautschau bin. Das ist nämlich er, wie er in unserer anschließenden Unterhaltung freimütig erzählt. Ich bin sicher, daß er hier eine Frau finden kann, träumen doch viele Russinnen von einer Heirat nach Deutschland. Es fragt sich nur, ob der gute Anton nicht schon verheiratet ist.

Von den beiden „Spezies" ist der Schorsch heute arm dran. Es geht ihm schlecht, seit er, wie schon erwähnt, am ersten Abend in Irkutsk ein bißchen tief ins Glas geguckt hat, um dann, statt bei Bier zu bleiben, am nächsten Morgen eiskalte Limonade zu trinken. Jetzt hat er´s mit dem Magen. Er hatte schon zu Beginn der Fahrt kund und zu wissen getan, daß er auf dieser Reise möglichst wenig ESSEN werde, und da hat er, daß muß gesagt werden, eisern Wort gehalten. GEGESSEN hat er wenig.

Für heute hat er sich erst mal „krankgemeldet", aber im Laufe des Abends treffe ich ihn dann mit Rudi. Dann kommen Anton, der Maschinenbaustudent ROLF, den ich bisher noch nicht erwähnt habe. Es folgen Thea, die Psychologin, mit ihr das Düsseldorfer Ehepaar, von dem der Mann eine Beinprothese trägt, und als dann noch Claudia und Camilla und die Böttchers mit dem Alfons eintreffen, kommt Leben in die Hütte. Und die giert nach „action"... Den Anfang mit Singen macht die Düsseldorferin. Bisher ist zwar nie gesungen worden, aber da kommt plötzlich ein russisches Lied aus dem Lautsprecher, nach dessen Melodie bei uns das Küchenlied „Erste Liebe ist die beste..." gesungen wird. Na, und weil ihr wohl so ist, singt sie das eben, und Camilla, die eine Mordsstimme hat, die man ihr gar nicht zutraut, singt zunächst alleine mit, bis zwei Russinnen aus der Küche ihren Text „einblenden". Wir anderen unterhalten uns, und unsere Psychologin macht ständig Notizen - „Über das Verhalten der Teutonen im Urlaub und auf Reisen", wie wir stichelnd unterstellen, sie aber energisch bestreitet. Sollte die gute Thea wirklich über uns schreiben, müßte ich ihr mangelndes Gespür für das Abpassen des richtigen Augenblicks bescheinigen, denn immer, wenn wirklich was für sie Interessantes abläuft, ist sie nicht dabei. So auch heute. Sie hätte entweder bleiben oder später, d.h. jetzt, noch mal wiederkommen sollen, denn nun geht es hier rund. Der „Xanxverein" wurde nämlich immer größer, und nachdem man sich über den „Westerwald" nach „Madagaskar" durchgesungen hat, werden die „Tanks" mit Wodka gefüllt, die „Panzermotoren" angeschmissen und dann geht es unter „Afrikas Sonne" durch den „Wüstensand"... Der Düsseldorfer schlägt auf seiner Prothese den Takt, die Russen singen, genau wie der Neuseeländer, begeistert von der Stimmung, aus voller Brust „la - la - la" mit, und Nikolai, der Wirt, schmeißt im nur so dröhnenden Speisewagen eine Runde Wodka für uns - was ihn drei Flaschen kostet, denn wir trinken ja, wie es sich gehört, aus Wassergläsern! (Als Thea davon am nächsten Morgen hört, rauft sie sich die Haare, die dann noch etwas zerzauster sind.) Auf dem Höhepunkt der „Veranstaltung" erscheint plötzlich eine gepflegte, vollschlanke Blondine - GALINA IWANOWA, Chefin des Speisewagens. Nikolai, ihr Mann, heißt es plötzlich, sei nur der Koch. Sie macht auch bedeutend mehr her als er, und wenn es stimmt, daß die beiden sich regelmäßig prügeln, dann glaube ich nicht, daß er immer gewinnt. Galina Iwanowa hat, wie sie uns über Anatol wissen läßt, zwei Kinder, was unseren angeblich auf Freiersfüßen wandelnden Anton nicht daran hindert, sie anzumachen. Sie setzt sich auf seine Einladung auch prompt an seinen Tisch, an dem auch ich gerade sitze, aber als sie wieder geht, ist Anton lediglich um 250.000 Rubel leichter, und wir um den entsprechenden Promilleanteil schwerer. Nikolai, der Wirt, scheint mir Militärkoch gewesen zu sein. Er hat das Auftreten und die Haltung eines Soldaten. Ich wollte ihn fragen, aber Dolmetscher Anatol war schon wieder weg. Kommandieren in seiner Küche kann er jedenfalls aus dem Eff-eff, und wir Alten nennen ihn „Starschi Sergeant".

Wir haben gerade die alte Tatarenstadt TSCHITA hinter uns gelassen, wo wir 20 Minuten Aufenthalt hatten. Es war draußen noch wärmer als in Irkutsk. Ich habe schon wieder eine halbe Schachtel Zigaretten geraucht und auch wieder gelobt, daß es das letzte Mal gewesen sei. Damit ich nicht die ganze Schachtel rauche, nehme ich zu Beginn die Hälfte der Zigaretten heraus und verschenke sie an MARKUS und PETRA, die auf dem besten Wege sind, einen Bungalow mit Mercedes davor in die Wolken zu blasen, statt sich mit beidem auf Erden zu belasten. (Es geht eben nichts über „würzige“ Küsse.) Ich verschenke dabei nicht viel, denn die Zigaretten hier, besonders aus landeseigener Herstellung, sind spottbillig, und ich rauche so nur die Hälfte. Jetzt muß ich aber etwas schlafen. Es ist 19.30 Uhr Moskauer Zeit, also gegen 1.00 Uhr nachts hier. Ich mach´ die Tür hinter mir zu, und unser Zug fährt mit mäßigem Tempo weiter durch fernöstliche Finsternis.

Es ist 21.00 Uhr Moskauer Zeit entsprechend 3.00 Uhr morgens Ortszeit: Die Nacht ist wieder sternklar. Der Zug fährt langsam, hält aber nicht. Er scheint auch schon wieder schneller zu fahren. Ich habe übrigens noch gar nicht von dem Russen von gestern Abend erzählt: Ich komme in den Speisewagen, sitzt da bei den beiden Bayern und Anton ein Russe am Tisch, den ich schon in Ulan Ude auf dem Bahnsteig gesehen hatte. Ich setze mich an den Tisch gegenüber. Rolf, unser Student, kommt dazu und setzt sich neben mich. Der Russe, ein gutaussehender Mann Mitte 50, scheint schon ziemlich viel getrunken zu haben, ist aber ganz ruhig. Da sagt Anton, daß er, der Russe, Englisch könne, und so spreche ich ihn, um eine Unterhaltung in Gang zu bringen, auf Englisch an. Das Ergebnis ist verblüffend: Der Russe hält uns beide, Rolf und mich, für Engländer und sagt, wir sollen uns zum Teufel scheren und fügt mit schwerer Zunge ein gerade noch verständliches „fuckin’ bastards“ hinzu. Während ich noch staune, klärt man ihn auf, daß auch wir Deutsche seien, und was tut er? Er steht auf, hält sich mit einer Hand mühsam fest, streicht Rolf, betrunken wie er ist, mit der anderen über den Kopf und erklärt, daß wir, wenn es so ist, bleiben dürfen. Wir aber fragen uns, was er, als Russe, wohl gegen die Engländer haben mag. Ja, wenn er mich, als Deutschen der Kriegsgeneration, einen „Gietlerbanditen“ genannt hätte - das wäre ich aus der Gefangenschaft gewöhnt gewesen; statt dessen besteht er jedoch darauf, mit uns anzustoßen. Na, dann Nasdrowje! - Weitere 100 Gramm von dem guten Wässerchen (Hier wird nicht genippt, hier wird getrunken!) gesellen sich bei ihm zu den übrigen, und prompt klappt er wie ein Taschenmesser über seinem Stuhl zusammen, nicht ohne den Schorsch zuvor noch in die Schulter zu beißen. Sitzend lutscht er dann wie ein Kleinkind am Daumen, summt vor sich hin und verliert darüber seine Zahnprothese. Die hebt Rolf mit einem Tempotuch auf und gibt sie dem Wirt, der seinen Landsmann mit Hilfe von Olga, der jüngeren der beiden Küchenhilfen, abschleppt. - Ich habe keine Ahnung, wo der Mann hinfährt, und frage die beiden „Rosenheimer". Da hauen die sich kreischend auf die Schenkel und brüllen: „Mensch, das ist doch der Zugführer!" Deshalb also war er mir gestern in ULAN UDE aufgefallen, als er, allerdings ohne Uniformrock, mit einer Schaffnerin sprach, deren Vorgesetzter er ja ist. Eines aber muß man den Russen lassen - Sie verstehen es, mit Betrunkenen umzugehen. Sie sehen manches wohl nicht so eng, und wir hofften, daß die Piloten, die uns von Wladiwostok nach Hause fliegen werden, ausreichend nüchtern sind. Der Zugführer war übrigens nicht im Dienst. In sechs Stunden wird es hell. Frühstück gibt es um halb Fünf. Moskauer Zeit, versteht sich. Der Sternenhimmel ist, wie schon gesagt, erstaunlich klar. Es gibt keine Luftverschmutzung hier, und „Lichtverschmutzung", mangels Großstadtanhäufungen, schon gar nicht. Leider sind die Fensterscheiben staubig.

Es ist kurz nach 2.00, also gegen 8 Uhr Ortszeit. Wir haben wieder schönstes Wetter, und ich mache mich auf zum Speisewagen, in der Hoffnung, schon was zu trinken zu bekommen. Der Wirt aber steht in der Tür, hält mir den Zeigefinger vors Gesicht und sagt: „odin tschas!" (eine Stunde). Er hat das ganze vordere Ende des Waggons mit großen Kartons vollgestellt, die er alleine nach hinten trägt. (Wer weiß, was er da drin hat.) Er zeigt sich jedenfalls ziemlich ungehalten. Aber was soll´s? Vielleicht hatte er Ärger mit seiner Galina. Die Tische hat er jedenfalls schon gedeckt - auch alleine. Ob er wohl niemanden gebrauchen kann, mit Sachen in den Kartons, die nicht unbedingt Verpflegung sein müssen? - Die Landschaft, die sich heute vor unseren Fenstern auftut, ist bis jetzt ziemlich kahl. Birken stehen nur vereinzelt auf grasbewachsenen Hügeln. Der Zug fährt langsam. Da - ein Gegenzug! Seine Druckwelle kommt überraschend. Frau Hanka (Camilla) und ihre Claudia scheinen noch zu schlafen. Man hört nichts aus ihrem Abteil, vor dem ich auf dem Gang stehe, und wenn sie nicht bald aufstehen, können sie das Frühstück vergessen. Noch ein Gegenzug! Nein, nur 'ne Lok. - Ich bin ja neugierig, wer von den anderen zuerst aufkreuzen wird, denn gestern war es ja wieder „ein bißchen spät" geworden.

Auf den Hügeln draußen hält sich eine nur hauchdünne Erdschicht, wie es scheint. An Stellen könnte man meinen, daß allein Staub Halt und Nahrung bieten muß, für das kärgliche Gras, das sie bedeckt. Doch da stehen plötzlich wieder Birken! Ganz dicht! Aber nur am Fuß der Hügel, obwohl es auch dort sehr steinig ist. Unser Schaffner (der freundliche Dicke) bringt mir gerade unaufgefordert eine schöne Tasse Tee (Tschai) und den werde ich jetzt erst mal genießen.

Es ist mittlerweile 3.15 Uhr Moskauer Zeit. Der Zug fährt gemächlich dahin. Eine Frau vom Zugpersonal saugt schon seit einigen Minuten Staub auf dem Gang, auf dessen Teppichboden zusätzlich ein fast weißer, schmaler Läufer liegt, der je nach Bedarf vom Personal immer wieder strammgezogen wird. Der Stoff ähnelt dem unserer Endloshandtücher. Jetzt, beim Saugen, liegt er zusammengerollt auf der vorderen Plattform, wo auch, als einzigem Platz außerhalb der Abteile, geraucht werden darf. Draußen ist strahlend blauer, wolkenloser Himmel. Die Landschaft ist wieder heideartig; vereinzelt mit Bäumen bestanden, meist Birken oder Lärchen. Wir stehen fast. Wo wir wohl sind? Die letzte Station vor dem Schlafengehen war TSCHITA gewesen. Der Staubsauger läuft immer noch, und der Zug fährt noch immer Schrittempo. Doch jetzt, kaum daß ich es gesagt habe, nimmt er wieder etwas Fahrt auf. Wahrscheinlich war da irgendein Signal oder eine Langsamfahrstelle. Inzwischen ist die Fahrt flott und gleichmäßig, und ich werde mal wieder in den Speisewagen gehen, der ja unser „Gesellschaftswagen" ist, den es früher wirklich mal gegeben hat - zur Zarenzeit aber nur. Ich bin etwas erkältet. Ob vom Baikalfußbad oder angesteckt vom „Professor", kann mir angesichts der Tatsache egal sein. Apropos, „Professor": Rolf hat sich, zutiefst gekränkt(!), bitterlich über ihn beklagt. Er, „der Professor", habe gesagt, daß diese Reise in bezug auf die „jungen Leute vor die Säue geworfen" sei. Er aber, Rolf, würde es „diesem Angeber" schon zeigen, falls „dieses alte A... nochmal so blöd daherbabbeln" sollte. (Aber, Rolf!!!) Zum Frühstück gab es heute unter anderem süße Buchweizengrütze (Sibirien-Waldrandmüsli"). Der Wirt ist inzwischen schon wieder etwas umgänglicher und, nachdem er versichert hat, daß morgens mit ihm sowieso nicht viel anzufangen sei, auch wieder genießbar.

Unser Zug schleicht durch ein sumpfiges Gelände, das aber, mit den vielen Heuhaufen drauf, immerhin begehbar sein muß, zwischen all den Tümpeln und Morastlöchern, mit denen es übersät ist. Und jetzt wieder eine Siedlung. Alte und neue Häuser in stetem Wechsel. Die typisch russischen Bauernhäuser waren schon lange nicht zu sehen, aber prompt kommt eins - mit halbfertig gestrichenen Fensterläden, und ich denke darüber nach, ob wohl die Farbe alle war oder der Anstreicher keine Lust mehr hatte. Neben dem Haus liegt viel Plunder herum, als hätte man entrümpelt und warte auf den Abtransport. Neben dem Gleis verläuft ein langer, flacher Graben, in dem was Strohartiges gewässert wird oder eingeweicht ist. Aber was? Weicht man nicht Flachs ein?

Inzwischen ist es 4.30 Uhr Moskauer Zeit. Um 9.00 Uhr gibt es Mittagessen, das wäre dann zwischen 14 und 15 Uhr Ortszeit. Beim Frühstück fehlen einige, darunter Anton, der gestern Abend schwer was weggekippt hat. Ich lege mich jetzt ein bißchen aufs Ohr. Wie schon erwähnt, habe ich noch von Irkutsk her eine Menge Schlaf nachzuholen. Unser Schnellzug, der ROSSIJA, ist nun richtig zum Bummelzug geworden, und jetzt stehen wir gar auf freier Strecke. Zu sehen gibt es nichts. Es geht weiter. Doch schon wieder ein Halt. Es muß hier, wohl wegen Überlastung und Gleisaustauscharbeiten, viele Langsamfahrstellen geben. Wenn man bedenkt, welch immens weites Gebiet diese eine Bahnlinie bedienen muß, ist das ja auch kein Wunder und das Ganze eine enorme Leistung der hiesigen Eisenbahner. Wir fahren immer noch zum Pilzesuchen langsam (Blumen zum Pflücken gibt es momentan keine). Links vom Gleis jetzt ein ziemlich breiter Bach, der nur wenig Wasser führt, so daß die Steine herausragen, rechts ist Grasland mit Mischwald.

Es ist 5.45 Uhr Moskauer Zeit, und wir machen immer noch Schleichfahrt durch eine gleichbleibende Landschaft. Zwischendurch ist es aber auch schon etwas schneller vorangegangen. Ob wir mit planmäßiger oder umständehalber erzwungener „Langsamkeit“ fahren, sei dahingestellt. Es geht nicht schneller, und damit basta. Und wir haben ja auch Zeit. Daß dieser Streckenabschnitt, Irkutsk - Chabarowsk, der schönste der ganzen Reise sein soll, hat sich bisher allerdings nicht bewahrheitet, sieht man von dem Stück längs des Baikalsees ab. Im Gegenteil - die Landschaft ist hier ziemlich öde; besonders im Vergleich mit dem Abschnitt KRASNOJARSK - IRKUTSK. Aber das ist, wie ich ja schon früher sagte, wohl Ansichtssache. Es wird langsam Zeit für das Mittagessen, und ich bin gespannt, ob der Wirt mit seinen Stapel- und Verstauarbeiten inzwischen fertig ist. Wollen wir hoffen, daß er darüber zum Kochen kam. Wir haben ja noch kein einziges Mal gehalten, als daß man sich hätte was kaufen können.

Wir sind in MOGODSCHA, und unser Zug hat anderthalb Stunden Verspätung, die bei dem Bummeltempo sicherlich noch anwachsen wird. Auf dem Bahnsteig gibt es wieder heiße Kartoffeln, Wodka, Bier, ganze gebratene Hühner, aber keine Wurst. Da kommt eine Frau mit Milch, und ich kaufe eine Flasche. Die Milch hat ein Sahnehäubchen, schmeckt hervorragend und entspricht bestimmt nicht „unseren" EU-Vorschriften. Viele der mitreisenden Russen stellen sich bei den Händlern auf dem Bahnsteig ihr Mittagessen zusammen, denn der Speisewagen ist ziemlich teuer und hat vor allem nicht so gute Sachen anzubieten wie die Frauen auf dem Bahnsteig. In unserem Reisepreis ist ja Vollpension in Hotels und Speisewagen inbegriffen, sonst würde ich auch auf den Bahnsteig gehen. Wir haben zu Mittag eine Reissuppe mit Rindfleischeinlage (Bruchreis mit kleinen Fleischbrocken), eine große Frikadelle, grüne Erbsen, süße Buchweizengrütze und Tee. Es ist 11.30 Uhr Moskauer Zeit, und es geht weiter. Wenn ich mir Fahrplan und Karte ansehe, dann haben wir seit TSCHITA gerade 500 km geschafft. Wir hätten dann noch ca. 1300 km bis Chabarowsk und weitere „lumpige" 900 km bis Wladiwostok. Die Verspätung ist mir egal, vorausgesetzt, daß die Fahrt auf dem AMUR nicht ausfällt. Aber vielleicht ist doch noch etwas aufzuholen, wenngleich ich mir das nur schwer vorstellen kann, es sei denn, der Zug könnte eine lange Strecke mit Höchstgeschwindigkeit fahren und die Aufenthalte kürzen. Wir müßten morgen normalerweise um 12.15 Uhr Moskauer Zeit in Chabarowsk sein. Das wäre 19.15 Uhr Ortszeit. Wenn wir pünktlich sind, wie gesagt.

Draußen stehen wieder Birken mit abgesägten Kronen, die sie wahrscheinlich für kosmetische Wässerchen und nicht nur für Besen hergeben mußten, wie ich beim ersten Mal vermutete. Nun, es gibt ja mehr als genug davon. Wir passierten vor kurzen AMASAR und fahren jetzt auf EROFEIJ PAWLOWITSCH zu. Erofeij Pawlowitsch waren Vor- und Vatersname des Forschers und Kaufmannes CHABAROW, nach dem die Stadt am Amur benannt ist. Danach komme eine Strecke, auf der es laut Fahrplan 12 (zwölf) Stunden lang keinen Halt gibt. Das glaube ich aber nicht. Gemeint ist sicherlich, daß wir keinen längeren Aufenthalt zum Aussteigen haben werden. (Und auch das kann ich mir schlecht vorstellen)

Wir waren inzwischen in EROFEIJ PAWLOWITSCH und sind gerade abgefahren. Es war ein ziemlich großer Bahnhof. Der nächste soll erst in 12 Stunden kommen. Aber das habe ich ja schon angezweifelt. - Na, bitte! Eben waren wir in GRADINO und haben dort völlig „unplanmäßig“ 10 min gehalten. Im Speisewagen lasse ich es langsam angehen heute. Nur ein Bier und einen Gin Tonic. Ich sitze mit Camillas Enkelin Claudia am Tisch. Claudia ist, was man nicht vermutet, schon 23 Jahre alt. Ich halte sie für maximal 19 und sage, zum Schätzen aufgefordert, „20“. Claudia ist Krankenschwester und arbeitet in Heidelberg. Sie ist, wie ihre Oma, nicht sehr groß und eine aparte, liebenswürdige junge Frau, hellwach und auf angenehme Weise selbstbewußt. Auch wie die Oma - die resolute Camilla. In Moskau waren wir, zusammen mit Alfons, in der Basilius-Kathedrale gewesen, und im „BAIKAL" hat sie mich auf dem Gang vor unseren Abteilen schmunzelnd ermuntert, als ich mich abmühte, einen kyrillischen Ortsnamen zu entziffern. Was Camillas Resolutheit angeht, so ist es Alfons, der ihr prompt und zum Gaudium der Anwesenden „zum Opfer" fällt. Als sich gestern Abend der Speisewagen zu leeren beginnt, geht - lange nach der Enkelin - auch die Großmutter zu Bett, und ohne sich was dabei zu denken, ruft Alfons ihr laut hinterher: „Gib deiner Kleinen einen Gutenachtkuß von mir. Kriegst ihn morgen zurück!" Da macht die forsche Camilla auf dem Absatz kehrt und besteht nicht nur auf „Vorauszahlung", sondern treibt unter dem Beifall des „gaffenden Pöbels" auch „gewaltsam" ein. (Von einer Beschwerde beschließt Alfons abzusehen) Vom Schaffner bekomme ich das Zug-Emblem vom „ROSSIJA" geschenkt, als ich es ihm abkaufen will. „Souvenir", sagt er nur, salutiert scherzhaft und geht. Er ist obendrein noch ein netter Spaßvogel... Mal sehen, ob ich nicht auch noch das goldene Flügelrad, das Symbol der Russischen Staatsbahnen, irgendwie bekommen kann.

Es ist 18.00 Uhr Moskauer Zeit. Sieben Stunden dazu macht 1 Uhr nachts. Schnupfen habe ich. Inzwischen ist es hier 5.00 Uhr morgens. Der Zug fährt momentan ziemlich schnell. Ob wir inzwischen mal gehalten haben, weiß ich nicht.

Der Zug bremst wieder bis auf Schrittgeschwindigkeit ab. Draußen brennen ein paar Lampen, aber deshalb stehe ich jetzt nicht auf. Wie bisher jede Nacht ist auch diese sternenklar. Morgen werden wir in Chabarowsk sein, und dann ist es nur noch eine „kleine Ecke" bis WLADIWOSTOK, und wir sind am historischen Endpunkt der TRANSSIB. Dann werde ich die längste Eisenbahnlinie der Welt von Anfang bis Ende befahren und im Zug erlebt haben.

Es ist 20.10 Uhr Moskauer Zeit. Soeben überqueren wir einen sehr breiten Fluß. Das müßte der Karte nach die (oder der?) SEJA, ein linker Nebenfluß des AMUR, sein. Schorsch und Rudi haben sich übrigens während der ganzen Fahrt nicht rasiert, sondern sich einen „TRANSSIB-BART" stehen lassen, der erst zu Hause wieder runter soll. Peters Bart ist weiß, Rudis dagegen schwarz. Aber allzuviel gewachsen ist bei beiden noch nicht; ein knapper Zentimeter vielleicht. Die Landschaft zeigt sich jetzt wieder als weite Grassteppe; kaum Bäume, kaum Büsche, aber feucht.

Der Zug hält. Wir sind in BELOGORSK. Ich steige aus, laufe auf und ab und sehe mir das reichhaltige Angebot der Bäuerinnen auf dem Bahnsteig an, das sie auf mehreren Ständen ausgebreitet haben. Das sind zum Teil schon richtige Marktbuden, aus denen heraus sie ihre Waren anpreisen.

Vor dem Empfangsgebäude steht noch immer Lenin. Er blickt mit richtungsweisend ausgestrecktem Arm auf uns herunter, und ich denke daran, wie er, 1917, auch in einem Zug, durch Deutschland über Skandinavien nach Rußland fuhr, wo, mit ihm an der Spitze, die Oktoberrevolution zur größten politischen Umwälzung unseres Jahrhunderts führte. Die Weltrevolution, zu der er aufgerufen hatte, und deren außersowjetische Hauptstadt Berlin werden sollte, war jedoch zum Scheitern verurteilt. - Sein Waggon war allerdings verschlossen.

Es ist 14.50 Moskauer Zeit. Wir fahren weiter. In zehn Minuten gibt's Frühstück. Hoffentlich hält sich das schöne Wetter , damit in Chabarowsk alles nach Plan verläuft. Ich werde mich jetzt noch etwas hinlegen und versuchen, über Kurzwelle BBC oder Deutsche Welle zu hören. Geht nicht! Die Abschirmung durch die Waggonaußenhaut ist zu stark. Es ist übrigens nicht 14.50, sondern 2.50 Uhr Moskauzeit. Langsam verliert man das Gefühl für die Wirklichkeit, wenn man tagelang mit einer künstlichen Zeit im Kopf herumfährt. Frühstück ist angesagt. Es gibt zwei Eier, Kuchenbrötchen, Käse, Butter und Tee. Mit ist etwas besser, aber gut geht es mir noch nicht, und ich bin froh, daß die Fahrt auf dem Amur, wie Anatol gerade bekannt gibt, zum Glück erst morgen stattfinden wird. In Chabarowsk werden wir zwei Nächte bleiben. Die Landschaft ist jetzt nur noch Steppe. Manchmal stehen zwar ein paar Bäume am Gleis, aber dann gleich wieder diese unendlich anmutende Weite aus Gras, niedrigen Büschen und Tümpeln, in der sich alles zu verlieren scheint. Nun aber kommt wieder dichter Mischwald, der zum Hintergrund hin in Nadelwald übergeht. Da - eine abzweigende Bahnlinie! Sie wird gerade elektrifiziert. Die Masten stehen schon. Wie war das noch, was Lenin einst sagte: „Kommunismus plus Elektrifizierung gleich Sowjetmacht"? Doch das ist lange her. Und wie jene „alte Säule", die in der Schillerschen Ballade „von entschwundener Pracht" zeugt, gehören Elektrifizierung und Leninstandbilder zu den Überbleibseln des Sowjetimperiums, von denen auch letztere in Rußland noch eine Zukunft haben, sieht man in Lenin doch eine herausragende Größe in der Geschichte unseres Jahrhunderts.

Und fort setzt sich die kahle, leere Ebene, die wir seit Stunden durchqueren. Ich höre Stimmen auf dem Gang und gehe hinaus. Anton ist draußen. Die Stimmen stammten aber von drei Milizangehörigen, die zur „Zugpolizei" gehören, die in sporadischen Abständen ihre Kontrollgänge durchführt. - Ausgesucht kleine, drahtige Burschen, die sich mit ihren kurzen Gummiknüppeln in der Enge des Zuges gut bewegen können. Anton erzählt von seiner Firma, und daß er schon einige Frauen, die nicht abgeneigt seien, ihm nach Deutschland zu folgen, „kontaktiert" habe. Wir nähern uns einem Bahnhof, halten aber nicht, wie es scheint. Eine Pipeline kommt ins Bild. Die erste, die ich sehe. Zwei Rohre und wohl nur von lokaler Bedeutung. Wir kommen näher heran, und es stellt sich heraus, daß es nur eine Fernheizleitung ist. Man sieht es an der zerfledderten Isolierung und ihrem relativ geringen Rohrdurchmesser von schätzungsweise 30 Zentimetern. Ich habe inzwischen drei Wodka getrunken, und es geht meinem Hals schon bedeutend besser. Wodka ist gegen Erkältung die beste Medizin in Rußland, glaube ich. Nach einem einminütigen Aufenthalt auf einem kleinen Bahnhof fahren wir schon wieder eine ganze Weile durch eine leicht hügelige Gegend, mit Kalkfelsen in steil aufragenden Wänden links von der Strecke und Weideland auf der rechten Seite.

Donnerstag, 21. September

5.30 Uhr Moskauer Zeit. Der zehnte Tag unserer Reise. Im Speisewagen sitze ich bei Camilla, und wir plaudern ein bißchen. Sie ist Rentnerin, hat bei Bosch gearbeitet und lebt allein. Sie hat noch eine Beschäftigung, mit der sie ihre Reisen finanziert, und von der Rente lebt sie. Sie hat schon viel von der Welt gesehen. Sie war letztens in San Franzisko und sie will noch nach China oder Thailand und danach nur noch kleinere Reisen unternehmen. Sie steht mit beiden Beinen auf der Erde. Ihre Jahre sieht man ihr nicht an. Daß ihre Enkelin Krankenschwester ist, entwickelt sich bei meiner Erkältung zum Glücksfall für mich. Claudia hat nämlich „pfundweise" Grippetabletten mit auf die Reise genommen und mich damit versorgt. Glück muß der Mensch haben! Ich gewinne zwar nichts in Lotterien, aber wenn mir ein Hufeisen auf den Kopf fällt, ist das Pferd schon nicht mehr dran. Meine Rubel aus Irkutsk sind alle. Höchste Zeit also, daß wir ins Hotel kommen, damit ich noch was einwechseln kann. Galina Iwanowa, meint, daß Dollar nur aus der Serie von 1994 akzeptiert werden. Das glaube ich nicht. Wer weiß, wer ihr das erzählt hat. Ich habe nie gehört, daß ein Dollar aus „Altersgründen“ abgelehnt worden wäre.

Und weiter bringt uns unser Zug. Er fährt mit uns unter strahlend blauen Himmel durch eine wieder ansehnlich gewordene Landschaft. Weite Ebene auf beiden Seiten der Strecke, mit Büschen bestanden. Und da ist wieder eine Station: Wir sind in ARCHARJA. Ich steige aus und stehe vor dem gewohnt reichhaltigen Angebot der ansässigen Bauern. Da hat einer saure Gurken. Ich zeige auf eine, und der alte Mann verlangt 1.000,- Rubel. Dreißig Pfennig. Das ist geschenkt! Ich gebe ihm einen Tausender, da drückt er mir die ganze Schale voll, insgesamt acht Stück, in die Hand. Der Preis war für alle acht. Also verteile ich sieben davon im Wagen und steige mit der einen wieder aus, wo ich sie im Trainingsanzug neben unserem Wagen stehend aufesse. Karl hält die safttriefende Gurke in meiner Hand für ein ausreichend interessantes Motiv und macht ein Foto. Ich fahre übrigens, wie viele andere auch, und wie es uns vom Veranstalter „Olympia Reisen“, dem ich hier gern ein Kompliment mache, auch empfohlen wurde, im Trainingsanzug. Das ist die am besten geeignete Kluft, wenn man dauernd im Zug ist. Wir verlassen diesen schönen, freundlichen Bahnhof mit seinem bunten Treiben und gehen nach und nach zum Mittagessen. Es gibt eine Suppe, eine große Frikadelle mit Nudeln, Gurkensalat und ein Glas Orangensaft. Was auf diesem Bahnhof noch auffällt, ist das einfache, hübsche Holzhaus, das als Empfangsgebäude reichen muß und als einzigen Schmuck die kleine Bahnhofsuhr trägt, die aber irgendwann stehengeblieben ist.

Frikadellen - ich komme gerade vom Essen - scheint man für unser aller Leibgericht zu halten. Aber was macht das schon? Wichtig ist uns sowieso nur die Reise. Alles andere tritt in den Hintergrund. - Mittlerweile waren wir erneut auf einem Bahnhof. Einem ganz kleinen nur, mit einer Minute Aufenthalt. Karls Frau merkt, daß die Batterie ihrer neuen Kamera leer ist. Kein Wunder! Bei den neuen Kompaktkameras geht alles elektrisch, und wenn dann noch im Zug viel geblitzt wird... Kann mir nicht passieren. Meine alten „Fotoapparate" sind rein mechanisch. In zwei Stunden gibt es nochmal was zu essen. Das letzte Mal in diesem Zug. Danach sind wir dann bald in Chabarowsk.

Die Steppe draußen geht über in eine bunte Heide, und in der Sonne des nahenden Herbstes überbieten sich Bäume, Sträucher und Gräser im Glanz einer Farbenpracht von verschwenderischer Fülle. Für mich ist diese vielfach als „abenteuerlich", ja „gefährlich" eingestufte Fahrt längst zu einer Traumreise geworden, und ich bin froh, daß ich sie unternommen habe. Ich hätte auch keinen besseren Zeitpunkt wählen können als diesen, der mir eigentlich umständehalber aufgezwungen wurde. Wäre es allein nach mir gegangen - ich wäre drei Wochen früher gefahren und hätte dann diese beeindrukkende herbstliche Veränderung der Natur, an die ich gar nicht gedacht hatte, verpaßt. Von mir aus könnte dieser Zug bis Hongkong fahren; denn ob von dort oder von Wladiwostok heimzufliegen, würde schließlich keinen Unterschied machen. Den Neunstundenflug nach Moskau hätte ich allerdings gerne schon hinter mir, aber vielleicht erweist er sich ja als ebenso kurzweilig, wie es diese Fahrt in so unerwarteter Weise ist.

Wir fahren jetzt auf einem hohen Damm, der links von uns ansteigt, mit einer Siedlung drunten im Tal. Irrtum - wir fahren auf keinem Damm, sondern an einem Hang. Da - plötzlich ein Tunnel! Der erste seit langem, sofern da nicht schon nachts welche waren. Schon durch. Er war nicht lang. Schon wieder einer! Bauarbeiten drin. Wir passieren ihn ganz langsam. Ich habe es mir auf dem

Bett bequem gemacht und spreche im Liegen. Das eigene Abteil, daß muß ich hier noch einmal sagen, gehört zu den großen Annehmlichkeiten dieser Reise. Es ist ein Refugium, in das man sich jederzeit zurückziehen kann. Rolf, der Maschinenbaustudent, findet die Reise grandios und will sie, sobald es erst eine durchgehende Autostraße gibt, mit dem Motorrad wiederholen. Mal sehen, wie alt er dann sein wird. Jetzt ist er, ich glaube, ich sagte es schon, 27. Nun, er hat ja noch Zeit. Notfalls fährt sein Sohn, sollte er mal einen haben.

Wir sind aus dem Tunnel heraus, und ich unterhalte mich auf dem Gang mit einem sehr gut Deutsch sprechenden Russen, der sich als unser Zugelektriker vorstellt. Er war zehn Jahre in Deutschland gewesen und freut sich, wieder zu Hause zu sein, denn in Deutschland kam er kaum aus der Kaserne heraus. Der Zug fährt ziemlich langsam; schätzungsweise 40 - 50 km/h. Ein Haltepunkt mit drei Gleisen kommt. Wir stehen eine Minute, und weiter geht es - weiter, weiter und immer weiter und wieder mal ein Bahnhof. Wir sind in BIRO. Gesprochen „BIRA". Auf der Karte steht allerdings der alte, angestammte Name BIROBIDSCHAN. Ein großer Bahnhof, und wir steigen aus. Wieder Verkaufsstände auf dem Bahnsteig, zu dem man aber erst ein davorliegendes Gleis überqueren muß. Einige von uns gehen einkaufen. Ich diesmal nicht und steige gleich wieder ein. Wir müßten eigentlich 15 Minuten Zeit haben, sollen aber eher in den Zug zurück. Auf dem erwähnten anderen Gleis läuft nämlich der Gegenzug aus Chabarowsk ein. - Unser Zug fährt etwas früher ab, hält aber nach ca. 50 m schon wieder. Was ist das denn? Den Grund erfahre ich gleich: ANATOL hat die Notbremse ziehen müssen, weil zweien von uns durch den einlaufenden Zug der Rückweg abgeschnitten worden ist. Karls Frau und Camilla sind die beiden Unglücksraben. - Sicher und geborgen wieder im Zug, können sie sich bei

Anatol bedanken, daß er so gut aufgepaßt hat, sonst wären sie erstmal verschütt gegangen. Dem Karl aber unterstellen wir lästerlich, daß er beim nächsten Krach mit seiner Hannelore den Anatol ob seines Ziehens der Notbremse verfluchen werde.

Das Ziehen der Notbremse kostet natürlich auch in Rußland was, und so berappen die beiden Damen pro Nase prompt 175.000 Rubelchen (das ist der Wochenverdienst eines Schaffners!). Dabei waren die beiden völlig unschuldig: Der Rückweg war ihnen abgeschnitten, und unser Zug fuhr zu früh ab, um die Verspätung aufzuholen. Aber wer wird schon 8.000 km östlich von Moskau mit der Russischen Eisenbahn Streit anfangen?

Es gibt nun doch nochmal Abendessen im Zug, weil wir der Verspätung wegen im Hotel möglicherweise nichts mehr bekommen. Es ist zum Abschied aus dem „ROSSIJA", der ab Chabarowsk ohne uns nach Wladiwostok weiterfahren wird, reichhaltiger als sonst, und es gibt sogar Kaviar. Zum teuersten kann der jedoch kaum gehören, denn ich schmecke nur Salz und nochmals Salz. (Aber ich bin vielleicht nur ein Banause, dem Salz nicht schmeckt, wenn es ihm schmecken soll). Im Speisesaal, das heißt auf dem Gang dorthin, treffe ich Anna Feodorowna, unsere Schaffnerin, und sie erzählt, daß sie vier Kinder und fünf Enkelkinder habe. Schon ihr Vater, übersetzt mir der Zugelektriker, sei als Heizer bei der TRANSSIB gefahren. Ihr Mann sei Lademeister in Wladiwostok, und die Kinder arbeiteten auch alle bei der Bahn. Sie selbst, fährt sie fort, sei gerne Schaffnerin und sie würde es bleiben, bis man sie in Rente schicke. Und sie spricht dabei von „IHREM ZUG" wie ein Kapitän von „seinem Schiff", und ich erinnere mich, wie „besorgt" sie in ULAN UDE um mich war. Unsere Reise nähert sich nun langsam ihrem letzten Teil. Zuvor jedoch haben wir noch zwei Tage CHABAROWSK, die Stadt, deren Namen ich seit meiner Kindheit kenne und den in meinen kindlichen Abenteuervorstellungen immer etwas Geheimnisvolles umgab. Etwas das schon damals den Entschluß reifen ließ, irgendwann, und sei es eines noch so fernen Tages, dorthin zu fahren. Wie gesagt - fahren! FAHREN oder gar nicht! Und jetzt ist es soweit. Und erneut heißt es: zusammenpacken, Bettzeug abziehen, raus aus dem Trainingsanzug, rein in die Straßenklamotten. Da kommt auch schon der Dicke die Bettwäsche einsammeln. Meine beiden Reisetaschen packe ich ineinander. Kameras verstauen! Ob ich mich nochmal auf Band melde, weiß ich nicht. Ich verstaue das Diktiergerät (dem ich eine Menge „erzählt“ habe) griffbereit in eines der Außenfächer der größeren Tasche. Fertig! - Aber es dauert doch noch etwas, bis wir in Chabarowsk sind.

Es ist fast dunkel, als wir den AMUR erreichen. Wir überqueren ihn auf einer kilometerlangen Bogenbrücke. Was für ein gewaltiger Strom! Die Mündung des USSURI liegt übrigens nur ein paar Kilometer stromauf. Meine Erkältung ist dank Claudias Tabletten (und Wodka) erheblich besser geworden, und das Flügelrad-Abzeichen der Eisenbahn habe ich auch bekommen. Von einer Schaffnerin, die sich über drei Dollar freute und vielleicht erzählen wird, daß sie es verloren habe. Ich nehme noch einmal das Fahrgeräusch auf der Pufferbrücke zwischen den Waggons auf, wo ich zigmal drübergelaufen bin. Vielleicht brauche ich es, falls ich das Band später mal bearbeite. Auch fertig! Tür zu! Vom Bahnhof ist noch nichts zu sehen. Die Sonne aber ist rot untergegangen, und läßt uns für morgen auf dasselbe schöne Wetter hoffen, wie wir es bisher hatten. Es wird ein langer Tag werden. - Die ersten Häuser der Stadt tauchen auf. Und Industrieanlagen. Der Zug verlangsamt seine Fahrt. Im Hintergrund eine riesige, lodernde Flamme. Irgendwas wird dort abgefackelt. Gichtgase vielleicht. Aber gibt es hier überhaupt Hochöfen? Wenn nicht, gibt es auch keine Gichtgase. Also wird es wohl Erdgas sein. Und das ist es sicherlich auch;

denn eine Erdölindustrie ist hier neben Schiff- und Maschinenbau seit langem angesiedelt. Der Bahnhof kommt in Sicht. Der Zug bremst. Ein paar Funken von den Bremsklötzen. Ein Ruck. Der Zug steht. Wir sind in CHABAROWSK.

Alles aussteigen!

Der freundliche Dicke wuchtet meinen Koffer durch den Gang. Ich trotte mit den Taschen hintendrein. An der Tür steht Anna Feodorowna. Sie streckt mir die Hand entgegen und sagt was vom „Gut-nach-Hause-Kommen". Wie aus dem Ei gepellt steht sie da. Makellos ihre Uniform. Kein Stäubchen! Kein Fussel! Von Kopf bis Fuß jeder Zoll „Frau Oberschaffner". Ich staune noch über ihren festen Händedruck, da reckt sie sich plötzlich auf die Zehenspitzen und drückt mir lachend einen Kuß auf die Wange. Sie gehört zu den Beneidenswerten, die mit dem, was sie haben, glücklich und zufrieden sind. Oberschaffnerin Anna Feodorowna liebt ihre Enkelchen, ihre Arbeit und ist stolz auf IHREN ZUG.

Tschüß, Anna Feodorowna!

Knipst, Brüder, knipst!
Schaffner, knips den Fahrschein fein!
Zieh vom Fahrgast Fahrgeld ein!
Zwanzig Cents: ein blauer Schein,
Dreißig Cents: ein grüner Schein,
Vierzig Cents: ein roter Schein,
Schaffner knips den Fahrschein fein!
Knipst Brüder, knipst den Schein,
Knipst ein schönes Loch hinein!

Mark Twain

CHABAROWSK: Hauptbahnhof mit Dreizeiger-Uhr

„Das sehen Sie falsch, weil Sie keine rechte Vorstellung vom russischen Fernen Osten haben. Wir haben mit Sibirien gar zu tun. SIBIRIEN ist für uns der WESTEN, verstehen Sie!" - ELENA

Teil 4: Chabarowsk

Auf dem Bahnsteig stoße ich auf ELENA - unsere Stadtführerin für Chabarowsk. Sie hatte uns irrtümlich alle im Wagen Nr. 9 vermutet, also gehen wir gemeinsam zum Wagen Nr. 2, wo die übrigen sind. Dabei trete ich in der Finsternis eines fernöstlichen Bahnsteigs in ein gut viertelmetertiefes Loch, mein Koffer fängt mich auf, und Elena lacht sich halbtot, als ich frage, ob da noch mehr Löcher seien, gehöre es doch nicht zu meinen Gewohnheiten, bei meiner Ankunft, wo auch immer, den Boden zu küssen. Als sie sich beruhigt hat, übernimmt sie unsere Reisegruppe von Anatol, der aber bei uns bleibt, und ich gebe meinen Koffer einem der Jungs, die Elena als Kofferträger mitgebracht hat. Elena sieht im Schein einer schaukelnden Lampe, daß ich dem Jungen einen Dollar zustecke und fragt, ob ich immer für „jede Kleinigkeit" bezahlte. Sie sagt das so von oben herab, und das ärgert mich. Was geht die das an, wie ich mein Geld verplempere? Elena ist Lehrerin, und die Bengels sind, wie Anatol weiß, ihre Schüler, die sie in der Schule zwecks freiwilligen Koffertragens zum Bahnhof abkommandiert hat. Wir sind inzwischen alle beisammen, und mit dem nun ohne uns weiterfahrenden „ROSSIJA" zur Rechten sowie einem Tankzug aus riesigen Kesselwagen zur Linken verlassen wir den Bahnhof, und wie zum Abschied pfeift uns irgendeine Lok noch zweimal hinterher.

Am modernen Bahnhofsgebäude fällt eine Besonderheit auf - die BAHNHOFSUHR! Sie hat zwei Stundenzeiger: einen schwarzen und einen roten. Der rote zeigt die für den Bahnbetrieb maßgebliche Moskauer Zeit, der mit ihm gekoppelte schwarze die Ortszeit an. Der sofort ersichtliche Unterschied beträgt sieben Stunden. -

Jetzt aber in den Bus und ab ins Hotel. Die Formalitäten sind schnell erledigt. Besonders für die Einzelreisenden unter uns; wir kommen immer zuerst dran. Mein Zimmer, Nr. 217, liegt wieder im zweiten Stock, ist aber besser als das im INTOURIST IRKUTSK. Es hat tadellose Betten, weitaus schönere Möbel und ist auch sonst viel wohnlicher. Das Nötige habe ich ausgepackt. Der Reisestaub ist abgespült. Geld ist umgetauscht (1 : 3.000) und jetzt geht es runter an die Bar. Zu einem schönen Glas Bier und einen Wodka Tonic. (Man gönnt sich ja sonst nichts.)

Freitag, 22. September

Das Tagesprogramm beginnt. Wir fahren mit dem Hotelbus zum Bahnhofsvorplatz. Dort spricht Elena unter dem Denkmal des Erofeij Pawlowitsch Chabarow über die Geschichte der Stadt und äußert sich bedauernd darüber, daß der russische Ferne Osten zwar über alle natürlichen Ressourcen verfüge, nicht aber nach eigenem Gutdünken wirtschaften könne, weil Moskau das Sagen habe. In einem temperamentvollen Vortrag („separatistisch" könnte man auch sagen) reklamiert sie in einem Aufwasch den Sibirischen Königstiger (Das ist UNSER Tiger!!!) für den russischen Fernen Osten, und es fehlte nur, daß sie dabei mit dem Fuß aufgestampft hätte. Sie ist neben ihrem Beruf als Oberschullehrerin Leiterin des örtlichen Fremdenverkehrsverbandes und macht die Führung hauptsächlich zur Erhaltung ihrer Deutschkenntnisse, die übrigens exzellent sind. Was sie vertritt, vertritt sie mit Vehemenz, und sie läßt nicht den geringsten Zweifel daran, daß es in der Klasse unserer „freiwilligen" Kofferträger, die ihr sichtlich aus der Hand fressen, keinen Klassensprecher neben ihr gibt. Für das Denkmal des Erofeij Pawlowitsch mußten, erzählt uns Elena anschließend, Überlieferung und Phantasie Modell stehen; denn niemand wußte, wie der Kaufmann und Forscher CHABAROW zu seinen Lebzeiten ausgesehen hatte. Steht man aber vor der imposanten, an die fünf Meter hohen Statue, sieht man einen Pionier des vorvorigen Jahrhunderts, mit dessen Darstellung der Künstler der Bedeutung dieses Mannes und seiner Leistungen mit Sicherheit gerecht geworden ist. Es ist ein beeindruckendes Monument. Elena gibt dann noch einen kurzen Überblick über die ethnische Zusammensetzung der Bevölkerung und schließt mit der Feststellung, daß die burjatischen Ureinwohner sich „weitgehend zurückgezogen" haben. - Was mich zu der vorlauten Bemerkung verleitet, daß den „hiesigen Indianern" eben auch nichts anderes übrig bliebe als ihren Brüdern in Amerika. (Und Elenas grüne Augen signalisieren blitzend: „Eintrag ins Klassenbuch".)

Chabarowsk ist wie Irkutsk eine sehr schöne Stadt; nur eben viel jünger als die Kosakengründung am Baikalsee. Am PLATZ DES RUHMES, wo das Denkmal der Revolutionskämpfer von 1810 steht, halten wir erneut, und Elena, jetzt voll in Fahrt und in ihrem Element, beginnt, von Dingen zu erzählen, die wir, wenn nicht morgen, dann eben übermorgen vergessen haben werden. Also setze ich mich auf eine Bank und verzehre das Stück Schinkenwurst, das ich mir vorhin am Bahnhof gekauft habe. Sehr fett und hervorragend gewürzt, schmeckt die Wurst ausgezeichnet und ist die bestgeeignete Grundlage für meinen „rezeptfreien Hustensaft", sprich: Wodka, den ich halbliterweise kaufe, um meinen grippalen Infekt in Schach zu halten. Nach einer halben Stunde geht es weiter zum großen Ehrenmal des 2. Weltkrieges. Ein großer, würdevoll ausgestatteter Platz mit Sitzbänken und einer weiteren Geschichtsstunde mit Elena. Anschließend Mittagessen, und dann geht es mit dem Bus zum nahegelegenen AMUR hinunter, wo unser Schiff auf uns wartet. Es ist ein schnittiges, modernes Motorschiff mit dem romantisch klingenden Namen „ISUMRUD", was, wie Anton mir sagt, SMARAGD heißt. Die „ISUMRUD" hat zwei Decks. Unten mit Restaurant. Wir fahren bei dem phantastischen Wetter natürlich auf dem Oberdeck und verteilen uns auf Vor- und Achterschiff. Unser Studiosus (Rolf) liegt kurz darauf bäuchlings auf den Vorschiffsplanken an der Backbordreling und schläft den Schlaf des Gerechten. (Von was ist der nur so müde?) Wir reden über Gott und die Welt, und am Heck flattert die weiß-blau-rote russische Flagge, wo einst das Sowjetbanner wehte, denn ihre 10 Jahre hat die ISUMRUD bestimmt schon auf den Spanten. Meine Erkältung ist dank Claudias Tabletten so gut wie weg, und nach einer Weile auf dem Vorschiff mit Elena, dem „Professor" und Thea, die in geborgten, viel zu großen Männer-Jeans den Nachweis führt, daß nichts sie entstellen kann, setze ich mich nach hinten zu meiner „Retterin" und ihrer Großmutter. Wir lümmeln uns auf den Bänken und lassen uns die Sonne auf den Bauch scheinen. Die Böttchers sitzen auf derselben Längsbank an der Steuerbordseite, und ich mache erst mal ein paar Fotos von uns allen. Es ist drei Uhr nachmittags. Die Fahrt geht stromab bis zur Eisenbahnbrücke und zurück. Vieles an den Ufern, das heißt an unserem Ufer, denn das andere sieht man bei der ungeheueren Breite des Stromes nur als Strich am Horizont, erinnert mich an den Bosporus. Es ist ein Vergnügen, auf diesem riesigen Fluß zu fahren. Eine leichte Brise sorgt dafür, daß uns nicht zu warm wird, denn wir haben, sage und schreibe, 28 Grad! Bei Abfahrt zu Hause waren es gerade 22 Grad!

Nach einer guten Stunde sind wir wieder zurück, und die meisten gehen zu Fuß zum nahen Hotel. Ich aber möchte nochmal in die Stadt und ein bißchen was sehen,

CHABAROWSK: Stadtrundgang - Am Ehrenmal

statt im Hotel herumzulungern. Als Claudia das hört, kommt sie mit. Wir fahren mit unserem Bus, der sonst leer zurückgefahren wäre, bis zum Bahnhofsplatz und flanieren dann gemeinsam durch das lebhafte Treiben auf den breiten Bürgersteigen des Karl-Marx-Prospektes. Wir gehen in ein Kaufhaus, weil ich eine hübsche Tischdecke kaufen möchte. Aber leider führt man gar keine Tischwäsche, und so gehen wir, jeder mit einer Eiswaffel, und ich dazu mit einem hübschen Mädchen, langsam zurück zum INTOURIST CHABAROWSK, wo ein üppiges Abendessen uns erwartet. Auf dem Zimmer habe ich erst mal etwas Ordnung in meinem Gepäck geschaffen, noch Karten geschrieben, und jetzt gehe ich runter, mal sehen, wer unten ist...

Hier gibt es ein Untergeschoß, in dem sich außer einer Bank und einem FUJI-Labor auch ein Juwelier etabliert hat. Das Fotolabor, von dem Anatol schon im „BAIKAL" erzählt hatte, ist mit neuestem japanischen Gerät ausgestattet. Ich nutze die Gelegenheit und lasse alle bereits belichteten Filme entwickeln. Darum brauche ich mich nun nicht mehr zu kümmern. Es gab ein ausgezeichnetes Abendessen. Ich begnügte mich aber mit der geeisten Melone, weil ich schon mittags so viel gegessen hatte.

Es ist jetzt 19.00 Uhr Ortszeit, und ich werde nochmal zum Fluß runtergehen. (Dieser „Bach" hat es mir angetan.) Es ist ja nur ein Katzensprung, und die Uferpromenade ist noch schöner als die der Angara in Irkutsk. Am liebsten würde ich ja die Flußfahrt nochmal machen, aber es fahren keine Boote mehr von hier um diese Zeit. Ich kenne den Weg zum Fluß nicht, aber da alle Wege abwärts führen, können sie ja nur am Fluß enden, und da ist er auch schon. Die letzten 20 Meter führt eine Treppe hinunter. Und unten bin ich... Unglaublich, diese Flußlandschaft! Die Uferpromenade liegt ungefähr drei bis vier Meter über dem ruhigen Wasserspiegel. Eine rotglühende Sonne steht schon sehr tief über der Linie des fernen, jenseitigen Ufers. Es gibt bestimmt einen feurigen Sonnenuntergang. Allerdings ist es leicht diesig. Man sieht eine Menge Leute hier. Ein Angler kommt zurück. Die Rute über der Schulter, den Eimer in der Hand. Einige der Spaziergänger haben auch Hunde bei sich (die hier sehr gut ohne Chappa leben). Eine seltsame Rasse sehe ich gerade: mit koupiertem Schwanz, aber riesigen Ohren. Wie auf Schäferhundgröße mutierte Rehpinscher. Hundekenner mögen mir mein fachunkundiges Geschwätz vergeben - aber so sehen sie aus. Hier führt eine Treppe zum Wasser runter, auf eine kleine Plattform - zum Teil überspült. Wahrscheinlich für Angler, denn Poller zum Festmachen von Schiffen sind keine da. Die Ufermauer, bis hierher aus Beton, setzt sich in einer gußeisernen Balustrade fort. In der Ferne ist, verblaßt und verschwommen im Dunst, das Gebirge auszumachen, und mir gegenüber, weit weg im Fluß, liegt eine Insel, deren flache Konturen sich mit dem noch ferneren Horizont zu einer Linie vereinen. Der Amur, über 4.400 km lang, ist hier drei Kilometer breit und 90 Meter tief, sagt Elena, und nachlesen kann man es auch. Das sind Dimensionen, die unsere heimatlichen Ströme in der Vorstellung zu feuchten Rinnen im Erdreich schrumpfen lassen. Das Wasser des Amur ist allerdings nicht klar, sondern ziemlich lehmig, wie wir schon vom Schiff aus gesehen haben. Das des Baikalsees kann man ja trinken, so wie es ist. Ganz in der Nähe mündet übrigens der Ussuri in der Amur, und Elena erzählt uns, daß die Chinesen das umgekehrt, nämlich den Amur als Nebenfluß des Ussuri sehen. Die sinkende Sonne wirft jetzt einen glitzernden Streif schräg über das Wasser. In der Mitte des Stromes, von dem eine majestätische Ruhe ausgeht, liegen riesige, kohlebeladene Schubkähne vor Anker. Die Sonne scheint jetzt nur noch einen Zentimeter über dem Horizont zu stehen. Man kann zusehen, wie sie sinkt. Da kommt einer in einem kleinen Rennboot. Das gibt es hier auch. Warum auch nicht? Links von mir, ein paar Meter weiter, steht ein junger Mann mit zwei Angeln. Was er fängt, weiß ich nicht. Ich geh´ mal hin. Es können eigentlich nur kleine Köderfische sein, denn die Ruten sind vorne keine fünf Millimeter dick. Stahlruten mit Nylonschnüren. Ich verstehe nichts vom Angeln, würde aber ganz gerne wissen, was er da rausholt. Nichts natürlich, solange ich hingukke. Ein zweites Motorboot kommt, und die Sonne taucht mit ihrem unteren Rand schon ins Wasser. Plötzlich ein Hydrofoil und kurz dahinter ein kleines Zollboot. Der junge Angler bekommt Gesellschaft von einem sehr alten, doch quicklebendig wirkenden Mann. Die Sonne ist zu zwei Dritteln weg. Da kommt noch ein spätes, flußabwärts fahrendes Ausflugsboot, ein paar Möwen, und die Sonne ist verschwunden. Ja - und ich werde auch verschwinden. Im Hotelrestaurant warten einige, die mit mir noch einen trinken wollen, und zu erzählen gibt es ja auch manches.

Schade, daß dieser Tag schon zur Neige geht. Hier wäre ich gerne noch etwas geblieben, und ich überlege, ob ich den morgigen Programmteil überhaupt mitmachen soll, statt an diesen mächtigen Strom zu gehen. Aber warum bleibe ich eigentlich nicht noch eine Weile? Es ist noch ziemlich hell, also kann ich mich auf eine Bank setzen und noch eine Zigarette rauchen. Ja - und jetzt muß ich einen Russen um Feuer bitten. Hoffentlich gelingt mir das... Ich hatte Glück - der alte Mann hatte „Spitschki“ (Streichhölzer). Den jungen Mann, stelle ich bei dieser Gelegenheit fest, versteht er übrigens gar nicht. Der ist Chinese und kann überhaupt kein Russisch. Sie reden mit Händen und Füßen, und ihre Unterhaltung nimmt kein Ende. Anglerlatein ist eben international. Die Hunde, die hier Gassi geführt werden, sind samt und sonders alles putzige Promenadenmischungen, wie ich sie zu Hause noch nie gesehen habe. Aber warum sollen sich Hunde hier nicht ebenso ein bißchen anders entwickelt haben wie einige Pflanzen? Meine Zigarette ist aufgeraucht, und ich werde mich aufmachen zum Hotel. Und wenn dieser Fluß mich hören könnte, würde ich ihm gern Auf Wiedersehen sagen - Aber vielleicht hörte mich ja eine Nymphe? Sie müßte mich ja nicht gleich zu sich hinunterziehen.

Keine 200 Meter vom Hotel liegt das Heimatmuseum von Chabarowsk, und da sind wir jetzt. Wir streifen Filzpantoffeln über die Schuhe wie in SANSSOUCI im fernen Potsdam, und schlurfen darin die Treppe hoch in den ersten Stock. Hier hängen unzählige Teppiche an den Wänden, die auf uns gewartet haben müssen, wie ein Bett voll ausgehungerter Wanzen auf den ahnungslosen Pilger. Und Elena legt sich ins Zeug: Knisternd und voll unter Dampf doziert sie über Kunstgeschichte und heimatliches Kunsthandwerk, und kein Knoten des Teppichs, den sie sich als ersten vorgeknöpft hat, entgeht ihrem Drang, seine Entstehung und Bedeutung jedem von uns klarzumachen, die wir an diesem herrlichen Samstagmorgen in der Lehre fernöstlicher Teppichornamentik zu versinken drohen. Ich aber beschließe, mich davonzumachen. Ich sage es Schorsch und auch Anatol, damit mich keiner sucht, und zische ab - raus aus der Museumsluft, runter zum Fluß. Um kein Mißverständnis aufkommen zu lassen: Elena macht ihre Sache hervorragend, und ich weiß ihre Arbeit zu schätzen. Zudem ist sie eine gebildete, attraktive Frau mit Esprit und gesundem Menschenverstand. Aber es gibt unzählige Museen auf der Welt, und in den wichtigsten bin ich schon gewesen. Der Amur jedoch, so wie er sich hier darbietet, ist für einen Besucher wie mich, der nur zwei Nächte bleibt, einfach einmalig. - Und Anatol versteht das.

Ich also zum Fluß hinunter, wo ich mich jetzt in die Sonne setze und mit dem Fernglas das Treiben auf dem Wasser beobachten werde. Es sind schon ein paar Leute hier. Angler aber noch keine. Aber da kommen schon welche. Andere als gestern. Sie haben auch nur die kleinen dünnen Angelruten wie der Chinese sie gestern Abend hatte. Ich gehe rüber, setze mich auf die nächststehende Bank, zünde mir eine Zigarette an und lasse den lieben Gott einen guten Mann sein. Die Angler haben ihre Ruten am Geländer festgebunden, kümmern sich nicht weiter drum und sind am Erzählen. An der Spitze der Ruten haben sie je eine kleine Glocke, die ihnen jeden „Fang" meldet, so sie denn einen machen.

Nach einer Weile sprechen sie mich an. Ich verstehe fast nichts, kann ihnen aber mit ein paar Brocken Russisch klarmachen, daß ich ein Tourist aus Deutschland bin, was für sie aber offensichtlich nichts Neues ist. Wir gestikulieren noch eine Weile, und als ich auf den Eimer deute, heben sie den Deckel hoch und zeigen mir, was drin ist. Es sind, wie ich mir gestern schon dachte, Köderfische. Gründlinge, wie ich sie als Schuljunge in der heimatlichen Oppa gefangen habe - mit den Händen! Dazu stellten wir Jungs uns zu dritt um einen Stein herum auf, unter dem wir einen Fisch vermuteten, griffen gleichzeitig blitzschnell zu und hatten ihn - oder auch nicht. Meistens nicht, aber Spaß machte es, und die „Gefangenen" ließen wie sowieso gleich wieder frei. Was sollten wir damit? Sie waren, selbst wenn es mal ein Weißfisch war, zum Essen viel zu klein.

Ich verabschiede mich, sie sagen freundlich DOSWIDANIJA (Auf Wiedersehen!), und ich schlendere langsam flußabwärts, Richtung Eisenbahnbrücke. Auf dem flachen Teil der Uferböschung ist eine Frau am Wäschewaschen. Mal sehen, ob ich ein Foto machen kann. Das ist im Kasten. Jetzt noch eins von der Uferpromenade, und mein vorletzter Film ist alle. Ich hatte in Irkutsk noch drei hinzugekauft. (Das Stück für 15,- Mark!)

Ich gehe weiter. Die Frau ist mit ihrer Wäsche fertig. Doch sie hat in Wirklichkeit ihren Rock gewaschen! Als sie aufsteht, steht sie da in Slip und Pullover und zieht den Rock, den sie eben ausgewrungen hat, naß wieder an. Ob sie wohl obdachlos ist?

Inzwischen bin ich an einer Stelle angelangt, wo die Uferlinie einen Knick macht, und sehe ab und zu durch mein Fernglas. Und wie ich damit vor Augen so durch die malerische Uferlandschaft laufe, muß ich an den teleskopbewaffneten Engländer bei Wilhelm Busch denken, wie der in die Ferne blickend sagt: „Schön ist es auch anderswo, und hier bin ich sowieso..." Und dann fiel er, glaub´ ich, auf die Nase. - Also das freut mich richtig, daß ich mich (ich glaube, als einziger) aus dem Museum abgesetzt habe, statt mir Dinge anzuhören, die mich nun mal nicht interessieren und um derentwegen ich auch nicht ein Viertel um die Erde herumfahren müßte. Schon als ich ging, hat ein Teil der Gruppe auf Stühlen in den Ecken herumgesessen, wo man von Elenas Vortrag gar nichts mehr verstehen konnte. -

Ich fürchte, ich muß jetzt langsam zum Hotel zurück. Schade! Aber die Koffer müssen gepackt und in ein dafür reserviertes Zimmer gestellt werden, wo sie dann bis zur Weiterfahrt nach Wladiwostok stehen bleiben. Den als letzten verbliebenen Programmpunkt „Baumschule/Baummuseum" schenke ich mir. Schließlich haben wir auf der Fahrt hierher Millarden und Abermilliarden Bäume gesehen, und das war genung Holz, glaube ich. Stattdessen laufe ich lieber ein weiteres Mal zum

Fluß runter. An eine andere Stelle. Vorher gehe ich aber erst nochmal in die Stadt.

Zu Mittag habe ich nur die Suppe gegessen. Die Mahlzeiten hier waren so reichlich, daß ich es einfach nicht schaffe, ohne wieder „einen halben Zentner" zuzunehmen. Ich komme zum Ruhmesplatz mit dem Denkmal der Revolution von 1810 und überlege, ob ich mal ein Stück mit dem Autobus fahre. Aber - es fahren hier übrigens nur O-Busse - man weiß ja nie so recht, wo die hinfahren, und ich lasse es, des Zeitmangels wegen, besser bleiben und denke an meine „Exkursionen" in Peking, wo man als Sprachunkundiger ebenso gut dran ist, wie ein taubstummer Analphabet. Ich hatte aber immer Glück, jemanden zu treffen, der etwas Englisch konnte.

Inzwischen bin ich über den Platz gelaufen und auf dem Karl-Marx-Prospekt, der zum Bahnhof führt und auf dem ich gestern schon in charmanter Begleitung war. Ein lebhaft, buntes Treiben herrscht an diesem sonnigen Tag in dieser eleganten Straße, und ich gehe besser auf die andere Seite, wo die Verkaufsstände sind. Es gibt mittlerweile auch in Rußland Popcorn. Ob als Alternative zu den zumindest früher obligatorischen Sonnenblumenkernen, die nach meinen heimatlichen Beobachtungen aus der Nachkriegszeit das „Kaugummi der Sowjetunion" gewesen sein müssen, sei dahingestellt. Es war damals immer an den ausgespuckten Schalen am Boden zu erkennen, wo ein Russe längere Zeit gestanden hatte. Südfrüchte einschließlich Bananen und Ananas gibt es neben einheimische Obst in Hülle und Fülle. Einer verdient sich hier etwas mit seiner Badezimmerwaage: Die vorbeiziehenden Frauen und Mädchen stellen sich reihenweise drauf. Die jungen Russinnen demonstrieren ein früher offenbar unbekannt oder verpönt gewesenes Figurbewußtsein. Die Leute sind gut angezogen und könnten ebenso gut und ohne aufzufallen, es sei denn positiv, in westlichen Großstädten herumlaufen.

Da ist ein „Parikmacher" (Friseur). Mal sehen, was hier ein Haarschnitt kostet. Geht nicht! Der Friseur residiert im ersten Stock. Unten drin ist ein Fotoladen, mit den gleichen japanischen Kompaktkameras, wie sie auch bei uns überall angeboten werden, und umgerechnet in etwa auch dasselbe kosten. Es gibt viele Getränke- und Eisverkäufer, alle mit einer Kühlbox ausgestattet. Ein Mann mit Luftballons. Einfache und solche mit den traditionellen amerikanischen Comicfiguren drauf.

Da, neben einer Haustür eine Gedenktafel für KALININ, ehemaliger ZK-Vorsitzender und auch Staatspräsident der Sowjetunion, der in diesem Haus am 7. August 1923 wohl mal übernachtet hat. Das erinnert mich an die kleinen Bronze-"Gedenktafeln", die ich vor kurzem auf einem Londoner Straßenmarkt am U-Bahnhof COVENT GARDEN gesehen habe, und auf denen kundgetan wird, daß in dem Haus, an dem der Käufer die Tafel befestigt haben wird, eine bedeutende Persönlichkeit weder irgendwann geboren noch beherbergt wurde und auch nie darin gewohnt habe. Hier ein Stand mit Videokassetten. Musik aus dem Vorführgerät. Und wieder Eis und Getränke.

Die Bordschwellen der Bürgersteige sind ziemlich, vor allem jedoch unterschiedlich, hoch. - Die Fahrbahnen der Nebenstraßen sind, gelinde ausgedrückt, ein wenig holprig. Man kann eben nicht alles auf einmal machen oder haben, es sei denn, man hat wohlhabende Brüder. Der Autoverkehr ist dicht. Es fahren viele japanische Wagen, die man sofort an der Rechtslenkung erkennt. Interessenten mit dem nötigen Kleingeld beziehen sie über Wladiwostok oder holen sie sich persönlich aus dem nahegelegenen, linksfahrenden Japan, das auf diese lukrative Art Schrott- und Gebrauchtwagen los wird. Die Chan-

CHABAROWSK: Auf dem Karl-Marx-Prospekt

ce, so zu einem Auto zu kommen, hat man aber nur in der hiesigen Region. Anatol erzählte uns gestern, daß die Rechtslenkerfahrzeuge nur hier und per Sondergenehmigung zugelassen seien, und man in Moskau, wo man auch in den Genuß billiger japanischer Autos gelangen möchte, demnächst deshalb streiken wolle.

Ich werde noch mal in das Warenhaus von gestern gehen und ein bißchen darin herumstöbern. Hier ist ein Stand mit westlichen Illustrierten, die nicht gerade neu sind und es wohl auch nicht sein müssen. Ich habe übrigens weder gestern noch heute Bettler gesehen. Entweder jagt man sie davon oder sie trauen sich erst gar nicht her. Wenn ich da an unsere Fußgängerzonen denke... Ich habe natürlich nicht viel von der Stadt gesehen, fast nichts, könnte man auch sagen. Aber wenn sie nicht sind, wo es was zu holen gibt, wo sind sie dann? Polizei sieht man aber auch keine. - Viele Banken gibt es hier. Schon die dritte auf dem kurzen Stückchen, das ich gelaufen bin. Die Verkaufsstände sind, egal, was angeboten wird, alle dicht umlagert.

Es ist Viertel vor drei. Die Sonne brennt herunter wie bei uns zuletzt im Juli. Keine Wolke am Himmel. Bananen, Birnen, Äpfel, Weintrauben, Strumpfhosen - alles aus ein und demselben Bauchladen. Wieder ein Bücherstand. Die Russen lesen noch viel. In der Bahn, am Flußufer, in den Parks - überall sieht man Leute mit einem Buch. Ich glaube, ich bin am Warenhaus vorbeigelaufen. Da kommt ja schon der Bahnhof. Macht nichts. Zurücklaufen muß ich ja sowieso. Da verkauft einer gebrauchte Radios.

Man muß auf dem Trottoir dieses einstigen Prachtboulevards aufpassen, wohin man tritt. Die quadratmetergroßen Steinplatten sind oft einseitig etwas abgesunken, so daß die gegenüberliegende Kante entsprechend übersteht. (Ich denke an Istanbul, wo man achtgeben muß, nicht in einen Kellerladen zu fallen, zu dem vom Bürgersteig aus ein nicht gesicherter Treppenschacht hinunterführt.) Die Farben ROT und GELB der Verkehrsampeln werden hier eher als unerbetene bis lästige, auf jeden Fall aber unverbindliche „Ratschläge", GRÜN als überflüssiger solcher angesehen. Von den Fußgängern jedenfalls, kümmert sich keiner darum. Und hier ist das Warenhaus UNIVERMAG (Universalmagazin): Ich gehe hinein...

In der Fotoabteilung finde ich eine bei uns schon im Versandhandel bekanntgewordene Kameramarke, und zwar das neueste Spiegelreflexmodell für umgerechnet ca. hundert Mark. Fernseher mittlerer Größe kosten etwa dasselbe wie bei uns - 1,8 bis 2,2 Millionen Rubel, also 500,- bis 700,- Mark. Die Kassiererinnen sitzen mit ihrer Kasse in Stahlgitterkäfigen. Sie haben z.T. schon Computer-Kassen, aber der uralte Abakus, das Rechenbrett, die „Kugelrechenmaschine", die es bei uns seit Ewigkeiten nur noch als „Lernspielzeug" gibt, liegt manchmal noch daneben. An den Verkaufstheken ist der Abakus noch überall in Gebrauch, und die Verkäuferinnen beherrschen ihn mit „affenartiger Geschwindigkeit". Die Firma Knorr ist mit ihren Tütensuppen präsent. Eine russische Kochanleitung steht zusätzlich neben der deutschen auf der Packung. Aus der Rundfunkecke tönt Musik. Die Treppe zum ersten Stock muß noch die ursprüngliche sein. Die Kunststeinstufen sind schon so weit durchgetreten, daß ihre Stahlarmierung bloßliegt. Wer hier was kauft, muß erst zur käfiggeschützten Kasse gehen und den von der Verkäuferin mit dem Abakus errechneten Kaufpreis zahlen. Dann geht er mit dem quittierten Bon zurück und kriegt seine Ware. Mit bereits ausgehändigter Ware zur Kasse zu gehen, gibt es hier nicht. Selbstbedienung schon gar nicht. - Man kennt seine Pappenheimer!

Von meinem letzten Film, den mit den AMUR-Fotos, lasse ich gerade Abzüge machen; gegen Fünf sollen sie fertig sein. Was mir gestern schon auffiel - man sieht hier gar kein Postamt. Im ganzen Stadtteil nicht. Das heißt - ich sehe den Wald vor Bäumen nicht. Das Postamt steht groß und breit gegenüber auf der anderen Straßenseite mit einer großen Leuchtschrift auf dem Dach, die verkündet, daß es ein Postamt ist. Es muß auch schon gestern dort gestanden haben. Ein Liliputaner verkauft Zeitungen. Eine Frau ihm gegenüber Bastkörbe und Bastmützen, die den amerikanischen Baseballmützen nachempfunden sind. -

Ja, wen haben wir denn da! Leute aus unserer Gruppe: Sie stehen allesamt vor der Tür zu einem Uhrengeschäft, und Camilla fängt an, mir zuzureden wie einem kranken Pferd, daß ich mir doch eine Taschenuhr kaufen solle. Die seien so einmalig günstig in diesem Laden hier. Ich will aber nicht. Was soll ich mit einer Taschenuhr? Dann aber fällt mir ein, daß der „Professor" in Moskau für die gleiche Uhr, die hier etwas über 25 Mark kostet, siebzig Mark hingeblättert hat. Also kaufe ich mir schon deshalb eine, um ihn, der uns (als Rußlandexperte!) in Moskau „des günstigen Preises" wegen, zum Kauf animieren wollte, ein bißchen zu ärgern. Eine zweite, ähnliche, nehme ich noch dazu. - Nur so als „GAG". Es sind einfache, solide Uhren aus der Uhrenfabrik Tscheljabinsk, die möglicherweise „ewig" gehen werden; und da sie rein mechanisch gehen, sogar „am Ende der Welt und bei Stromausfall". Die Uhr wird ein Erinnerungsstück an einen schönen Tag in Chabarowsk sein, auch wenn auf dem Sprungdeckel die Kaaba von Mekka abgebildet ist, wahrscheinlich weil ein Teil der Produktion für einen islamischen Markt bestimmt gewesen war. Aber man kann ja, mit der KAABA vor Augen erst recht an „KAABA-rowsk" denken. Schorsch und Rudi, beide mit nun sprießenden Bärten, sind ebenfalls da, und auch der „Professor“ ist mit von der Partie und macht sich vielleicht Gedanken über Preisunterschiede. Wir sind alle noch eine ganze Weile im Laden, bis die anderen Richtung Bahnhof weiterlaufen, und ich zum Hotel zurückgehe.

Dort bin ich inzwischen gewesen, habe eine Cola getrunken und bin zum Amur runter. Hier stehe ich jetzt an die Balustrade gelehnt, blicke übers Wasser und hoffe, Wind und Sonne möchten mein Hemd trocknen. Ich konnte mich nämlich nicht umziehen, weil ich nicht an meinen Koffer herankam. In dem Zimmer, wo wir das Gepäck abgestellt haben, hat sich eine von den älteren Damen unserer Gruppe ein bißchen hinlegen müssen. Das ist nur verständlich bei der Fülle der Eindrücke und Belastungen; und die eigenen Zimmer haben wir ja schon geräumt. Übrigens ist der Unternehmungsgeist dieser Frauen bewundernswert! Vor über einem halben Jahrhundert haben sie fast anderthalb Jahrzehnte lang unter heute nicht mehr vorstellbaren Bedingungen unvorstellbares geleistet. Und nun, wo einige von ihnen gerade noch mühsam einen Fuß vor den anderen setzen können, machen sie noch so eine Reise! Alle Achtung! -

Ich werde ca. noch eine Viertelstunde bleiben und dann zum Abendessen ins Hotel gehen. Danach werden wir zum Bahnhof gebracht. Der Zug nach Wladiwostok geht um 12.05 Uhr Moskauer Zeit, also 19.05 Ortszeit. Hier am Fluß ist alles ruhig. Wenig Verkehr auf dem Wasser. Ganz anders als heute morgen, als es recht lebhaft zuging. Jetzt sind nur ein paar kleine Boote zu sehen und die riesigen Kohlenkähne, die in der Flußmitte noch immer vor Anker liegen; das heißt, bei genauerem Hinsehen fällt auf, daß eine Schubeinheit dabei ist, an einem der Kähne festzumachen, aber wohl nicht in der Absicht, schon die

Anker zu lichten. Sonst rührt sich nichts auf dem Wasser, und man hört auch nichts...

Im Hotel ist auch ein sehr gut Deutsch sprechender Russe, der als ehemaliger alpiner Wintersportler Kontakte nach Oberstdorf hat, wie er mir erzählt. Tätig sei er im Souvenirhandel, in dem er sich so recht und schlecht durchschlage. Er meint wahrscheinlich eher schlecht, denn er erzählt im gleichen Atemzug und mit der größten Selbstverständlichkeit, daß er aus „geschäftlichen Gründen“ in der Ukraine gerade neun Monate Gefängnis abgebrummt habe, und dies unvermeidlich sei, wolle man einigermaßen „anständig“ (so sagt er) durchs Leben kommen. Er gibt freimütig zu, daß es ihm ganz gut gehe. Er habe ein eigenes Auto und fliege regelmäßig nach Moskau, wo auf den Dörfern der Umgebung der Löwenanteil der Reiseandenken in Heimarbeit hergestellt werde, und wo er im Großen einkaufe, was er dann hier bei den vielen Japanern und Touristen an den Mann bringe. So an die zwanzigtausend Dollar brauche er nur, um ein florierendes Geschäft auf die Beine zu stellen, fährt er fort, und sowohl sein Ton als auch sein forschender Blick scheinen mir von der Hoffnung getragen, ich könnte einen solch „lächerlichen Betrag“ anlagelüstern mit mir herumschleppen.

Es ist fünf Uhr durch, und noch immer kein Wölkchen am Himmel. Die Fotos sind erstklassig geworden. Hätte ich sie doch nur gleich alle machen lassen! Eine Menge Leute kommen plötzlich an den Fluß, mit vielen hübsch angezogenen kleinen Kindern, die fast alle Luftballons oder sonst was zum Spielen bei sich haben. Ich werde mich jetzt auf die Bank setzen und mir in aller Ruhe meine Bilder nochmal ansehen. Sie sind noch nicht richtig „trokken“, deshalb werde ich sie vor morgen nicht herumzeigen. Es ist Zeit, und ich gehe zurück. Ob ich wohl je wieder so einen Fluß sehen werde, überlege ich auf dem Weg. Ich glaube, da müßte ich mich schon an den Kongo bemühen.

Im Speisesaal sitze ich, wie meistens auch im Zug, bei Hannelore und Karl Böttcher, die eben noch am städtischen Badestrand waren. Wie beiläufig sage ich, daß unsere Reise sich langsam ihrem Ende zuneige, und der sonst so beredte Karl meint lediglich: „noch eine Nacht" als ob es die letzte von TAUSENDUNDEINER wäre und seine „guhde Hannelore", die immer ein wenig darauf geachtet hat, daß ich nicht „verschlampe", sagt gar nichts. Jedenfalls werden wir bei Tageslicht in Wladiwostok ankommen, und nicht, wie angekündigt, bei Nacht. Es hat mich immer etwas gestört, daß ich das Endziel der Reise, auf die ich so lange gewartet habe, bei meiner Ankunft nicht im Hellen sehen sollte. Wir gehen nach unten und steigen in den Bus. Ich wundere mich, daß wir den Bahnhof links liegen lassen und höre von Camilla und Karl, daß wir von einem anderen Bahnhof abfahren. Ich hatte geglaubt, es ginge mit dem „ROSSIJA" weiter, der turnusmäßig alle zwei Tage, also heute wieder, hier durchkommt. Wir fahren jedoch, laut Anatol, das letzte Stück mit einem hier einsetzenden „Lokalzug". (So 800 bis 1.000 Kilometer sind hier „Nahverkehr"!) Gestern habe ich Karl noch beim Filmen in der hiesigen Markthalle getroffen, deren imposantes Angebot sowie das Treiben darin ich wegen Bandknappheit leider nicht schildern kann.

Zum letzten Mal auf unserer Reise stehen wir vor einem Zug. Der Erste-Klasse-Wagen hat diesmal die Nummer 12, und ich erhalte mein Abteil an der Plattform, gleich hinter der Tür. Kaum drin, fahren wir schon ab - in den neuesten Wagen, die wir bisher hatten. Elena habe ich nur noch von weitem gesehen. Der Zug heißt bezeichnenderweise „OKEAN". Er bringt uns an das Japanische Meer, zum Pazifischen Ozean. Mein Gepäck ist verstaut, und ich werde jetzt in den Waschraum gehen und wieder in den Trainingsanzug schlüpfen. Das heißt, ich muß noch etwas warten, weil wir noch im Bahnhofsbereich sind, und die Waschräume und Toiletten erst auf freier Strecke aufgemacht werden. Der Zug ist übrigens aus den gleichen Wagentypen zusammengestellt, wie der „BAIKAL" und der „ROSSIA" auch. Aber gibt es überhaupt andere Fernreisewaggons? Es sind mir keine aufgefallen. Wir fahren jetzt auf der USSURI-Strecke, die in der Anfangszeit der Transsibirischen Eisenbahn nur an die Mandschureistrecke angeschlossen war, weil die AMUR-Strecke noch nicht existierte, sondern erst im November 1897 in Betrieb genommen wurde.

Chabarowsk war damals von TSCHITA aus nur per Schiff auf dem Amur oder über HARBIN und WLADIWOSTOK durch die Mandschurei und über die USSURI-Strecke zu erreichen, auf der wir jetzt fahren. Bei gleichzeitigem Baubeginn (1892) in Moskau und Wladiwostok führte die Strecke zunächst nicht über Chabarowsk, sondern aus strategischen Gründen (Japan wurde immer stärker) über Harbin. Truppen konnten so schneller an die Grenze gebracht werden. Diese Mandschureistrecke, die heute Teil des Chinesischen Eisenbahnnetzes ist, leistete in ihrer Anfangszeit ganz nebenbei auch den Teilnehmern des berühmten Autorennens NEW-YORK - PARIS (via Sibirien) im Jahre 1908 für den Aufbau von Benzindepots längs der Route, aber auch als „Knüppeldamm" zur Überwindung unwegsamen Geländes wertvolle Dienste, indem man einfach auf den Schwellen fuhr. Als am wertvollsten außerhalb Rußlands erwies sich die Transsibirische Eisenbahn jedoch für die diplomatischen Dienste der europäischen Mächte jener Zeit, denen sie lange und zeitraubende Schiffsreisen ersparte. - Die mandschurische Strecke, gehört, wie schon gesagt, heute zur Chinesischen Volksrepublik und bildet mit der Ussuri- und der Amurstrecke das Dreieck: TSCHITA - WLADIWOSTOK - CHABAROWSK - TSCHITA.

Mittlerweile habe ich mich waschen können, und die Schaffnerin hat Tee gebracht. Ich habe ihr beim Einsteigen ein paar Dollar gegeben. Sie freute sich bis über beide Ohren und macht mir beim Kommen und Gehen die Türen auf.

Es ist Nacht im Zug nach Wladiwostok, und wir kommen gerade aus dem Speisewagen. Das war vielleicht ein Reinfall! Ich sagte eingangs, daß dieser Zug der beste unserer bisherigen Züge sei. Leider hat er aber mit Abstand den schlechtesten Speisewagen: Fliegenbevölkerte, klebrige Tische, weil man verschütteten Obstsaft aufgewischt, aber die Tischplatten nicht abgewaschen hat, und dazu ein Getränkeangebot, das in amerikanischem Bier gipfelt. Außerdem legt der Wirt ein so katzbuckelndes Getue an den Tag, ganz anders als der „Starschi Sergeant" und seine Galina Iwanowa im ROSSIJA. Unser Zug fährt langsam. Ich werde mal hinter die Küche an die offene, nur mit einem Gitter gesicherte Tür gehen. Pech! Hat jemand schon wieder zugemacht. Ich glaube, die werfen dort immer ihre Abfälle hinaus. Der Zug hält an. Wo, ist nicht zu sehen; es ist stockdunkel draußen. Es geht weiter. War wohl nur ein Haltesignal.

Mitternacht ist vorüber, und wir fahren auf einem miserablen Gleisabschnitt. Der Zug rollt sehr unruhig. Das geht bis ROSLAWEL, oder so ähnlich. Larissa die Schaffnerin aus Nr. 13, löchert mich, ihr eine Flasche „Champagner" (es ist Spumante) abzukaufen. 30.000,- Rubel. Mal bettelt sie wie ein kleines Mädchen, mal kokettiert sie wie eine Animierdame. Beides versteht sie. Ich kaufe ihr eine Schachtel Zigaretten ab. Das freut sie auch, und was den „Champagner" betrifft, so rettet mich Anton: Er kommt gerade aus seinem Abteil auf uns zu, und ich sage zu Larissa: „Viditje tam! Eta Anton. Anton bolschoi kapitalist". (Guck mal, da kommt Anton! Anton Mordskapitalist.) Da lacht sie über mein „Reiserussisch", und Anton kauft... In diesem Zug haben einige Schaffnerinnen ein gut sortiertes, kleines „Genußmittelmagazin". Ein Segen, bei diesem Speisewagen!

Also, die Schienen unter uns können höchsten 15 Meter lang sein, so rumpeln wir über das Gleis. Meinen alten Trenchcoat habe ich im Hotel zurückgelassen. Er wurde langsam schäbig, und ich hatte ihn nur für den Notfall mitgenommen. Vielleicht kann er noch jemandem gute Dienst leisten. - Der Zug bremst auf freier Strecke. Was ich noch nicht erwähnt habe - der Wagenpark unserer Züge stammt aus DDR-Produktion. Am Ende des Wagens befindet sich jeweils ein Firmenschild der WAGGONBAU AMMENDORF GmbH, mit dem Zusatz: „ein Unternehmen der DEUTSCHEN WAGGONBAU AG DWA". Und da steht jetzt „GmbH" und nicht mehr „VEB". Inzwischen ist es in einer sehr langweiligen Gegend hell geworden. Alles grün, kein herbstliches Bunt mehr. Ursprünglich hatte ich mir die Landschaft an der ganzen Strecke so vorgestellt. Und so wäre sie sicherlich auch überall gewesen, hätte ich eine der vorangegangenen Reisen gebucht. Es ist eine Weidelandschaft mit Büschen und einigen verstreuten, armseligen Hütten.

Aus dem Bordradio tönt das Zeitzeichen der Acht-Uhr-Nachrichten. Angezogen bin ich. Koffer und Taschen sind fertig zum Aussteigen. Von mir aus könnten wir schon in Wladiwostok sein, aber es dauert noch eine Stunde. Ankommen werden wir um 2.00 Uhr Moskauer Zeit, also 9.00 Uhr Ortszeit. Mir fällt ein, daß ich meine beiden Taschenuhren aufziehen muß. Die laufen ja nicht von alleine. „Dafür aber immer und überall", sage ich, was den musikalischen Karl mit „Das ist Musik von Hand gemacht...“ den Reinhardt May zitieren läßt. Wir laufen in IMAN ein. Die Station liegt direkt am Wasser eines rechten USSURI-Nebenflusses. Und weiter geht es. Jetzt etwas abseits vom Fluß, welcher das auch sein mag. Und da ist er wieder, der USSURI - nach gut einer halben Stunde. Ungeheuer breit. Aber kein einziges Schiff zu sehen. Ungefähr 20 Meter vom Ufer steht ein Fischer im Wasser mit einem Netz in der Hand. Nein - es ist eine Reuse, was er da ins Wasser legt. Er fummelt noch ein bißchen daran herum und kommt ans Ufer. Wir überqueren den Strom und lassen ihn hinter uns. Auf der Uferstraße stehen ein paar Wagen. Autos, meine ich. Pferdewagen habe ich auf der ganzen Fahrt nicht gesehen, und auch keinen einzigen Reiter. Natürlich nicht! Gäbe es heute einen Zaren - es flöge sein Kurier, und Ogareff müßte das Flugzeug kapern.

Das schöne Wetter ist vorbei. Das Klima wird hier schon vom Japanischen Meer beeinflußt, sagte mir der Mann vom Wetteramt in Trier, bei dem ich mich vor Antritt der Reise nach den klimatischen Bedingungen Sibiriens für den September erkundigt hatte. Er machte sich viel Mühe, und ich schickte ihm aus Irkutsk eine Karte. Draußen wieder mal ein Streckenläufer auf einsamer Tour. Ob er wohl weiß, über wieviel Schwellen er täglich läuft?

Da kommt ein Japaner mit nacktem Oberkörper und Handtuch um den Hals aus seinem Abteil und will sich am Samowar, den er offenbar für einen komischen Warmwasserboiler hält, zu waschen anfangen. Die ihn um Haupteslänge überragende Schaffnerin erwischt ihn dabei und bringt ihn mit bühnenreifer Gestik und einer Lektion „Russisch für Anfänger“ davon ab. Richtig bedeppert schleicht sich der Japaner, der bestimmt dreißig mal soviel verdient wie die Schaffnerin, verlegen grinsend an mir vorbei. Man kann ja nicht alles wissen, scheint er sagen zu wollen. - Eben!

####

E ist 1.55 Uhr Moskauer Zeit. USSURISK, die größte Station seit Chabarowsk, liegt schon hinter uns. Links die ersten Vororte von Wladiwostok. Rechts die Bucht Peters des Großen, an der die Stadt 1860 als Hafen der russischen Pazifikflotte gegründet wurde. Über dem Wasser liegt noch dichter Morgendunst, durch den sich die blassen Konturen einer steil auftragenden Insel zu uns herüberkämpfen. Unser Zug folgt derweilen dem Schwung der Uferlinie nach links um eine Halbinsel herum. Wir nähern uns einem Bahnhof - fahren durch. Die ersten Wasserfahrzeuge - ein Hochseeschiff darunter. Jetzt ein großer Bahnhof. Leer - wie ausgestorben. Wir sind momentan wohl der einzige Zug. Auch hier keine Stationsschilder und die Lautsprecherdurchsage verstehe ich nicht. Bremsen quietschen, ein letzter Ruck, der Zug steht. Er steht an der alten Bahnhofshalle von 1860. Die neue Halle steht gleich neben am Wasser, und auf den Dächern beider prangt weithin sichtbar der Name unserer Endstation:

Ich bin in WLADIWOSTOK.

Teil 5: Ausklang in Wladiwostok

Der Bus, der uns vom Bahnhof abholen soll, kommt und kommt nicht, und Gepäck fehlt auch noch. Also setze ich mich erst mal auf eine der zahlreichen Bänke. Camilla sitzt auch schon da, und wir stellen unsere Uhren um eine Stunde zurück, denn in der letzten Nacht, wir haben den 24. September, endete die Sommerzeit. Endlich, es ist fünf vor zehn, kommt der Bus, und wir sehen, warum es so lange gedauert hat: Dieser Bus gehört nicht auf den Schrott - der muß vom Schrott sein. Die Sitze sind, ebenso wie die Kopfstützen von der Notreinigung noch naß. Was der wohl vor uns geladen hatte? Aber was spielt das jetzt noch für eine Rolle?

Bis jetzt habe ich auf unserer Fahrt noch nichts Sehenswertes entdeckt. Alles trist. Alles grau in grau. Macht nichts! Ich wollte ja, wie ich oft genug gesagt habe, nur TRANSSIB fahren. Nach einigen engen Kurven sind wir aber plötzlich auf einer Straße, die hoch an einem steilen Hang am Wasser entlang führt, und siehe - auf einmal ist alles ganz anders: Eine Umgebung und ein phantastischer Meerblick, daß man glauben könnte, nicht auf einer Landstraße am Rande Wladiwostoks, sondern irgendwo am Mittelmeer zwischen Alassio und Imperia auf der VIA AURELIA zu fahren. - Nur der blühende Oleander fehlt. Doch kaum, daß mir dieser Vergleich in den Sinn kommt, biegt unser Fahrer auch schon wieder landeinwärts ab, und die Tristesse hat uns wieder. Wir fahren zum „Hotel WLADIWOSTOK", das, wie man uns sagt, noch nicht den Standard eines INTOURIST Hotels habe.

In einem einfachen Raum im Souterrain eines Gebäudes in Nähe des Hotels gibt es ein reichhaltiges Frühstück mit u.a. drei Eiern. Einer mag keine, und als sie ihm jemand abnimmt, der sechs Eier schafft, schallt eine Frauenstimme durch den Saal: „Eier sind für Mamma gut, wenn sie der Pappa essen tut". - Im Hotel, das noch aus der Zarenzeit stammt, wohnen wir zum ersten Mal alle auf ein und derselben Etage - der vierten. Ich habe, auch zum ersten Mal, ein echtes Einzelzimmer und finde, daß alle Sitzmöbel und sanitären Einrichtungen in Größe und Höhe auf den Durchschnittsjapaner abgestimmt sind. Ein Waschbecken im Bad gibt es nicht. Nur einen ganz gewöhnlichen Wasserhahn an einer Rohrverlängerung am Kopfende der Badewanne. Da es im Bad obendrein eng zugeht, wäscht man sich am bequemsten, wenn man sich mit dem linken Bein in die Wanne stellt. Bei einem Vollbad müßte man als Nichtjapaner anders herum in der Wanne liegen, sonst hätte man den Hahn im Genick, weil der ja einen halben Meter in Richtung Fußende von der Wand absteht. Mal was anderes! Auf dem Fußboden finde ich als kostenloses Souvenir eine blanke japanische Lochmünze, die mein Vorgänger verloren haben muß. (Ich werde sie in Ehren halten.)

Heute geht alles holterdipolter. Ich habe nicht mal Zeit, das Begrüßungsbier zu „testen", da geht es früh um zehn(!) ab zur Hafenrundfahrt.

Wir sind auf einer Hafenbarkasse und durchfurchen einen riesigen Schiffsfriedhof von teilweise auf Grund liegenden Wracks, verrosteten Seelenverkäufern und verdreckten Dampfern aller Typen und Größen. Dazwischen Kriegsschiffe, die auch nicht gerade Augenweiden sind, und das alles in einer „Brühe", auf der eine anscheinend zentimeterdicke Ölschicht schwimmt, mit der eine Stadt ein Jahr lang heizen könnte und an der Greenpeace seine Freude hätte. Allerdings haben die Leute hier andere Sorgen als Greenpeace. Daß in diesem Wasser etwas leben soll, kann man sich kaum vorstellen, doch tatsächlich wimmelt es nur so von Quallen. Aber vielleicht leben die ja von Öl...

Ich habe schon so manche Hafenrundfahrt mitgemacht. Die meisten waren langweilig. Hier aber, muß man sagen, ist Betrieb. Fast überall wird gearbeitet - gehämmert, geschweißt, Unmengen Holz verladen usw.

Ein paar Fotos muß ich heute mehr machen als sonst, weil Camilla ihre altbewährte „AGFA" im Hotel gelassen, und Claudias neue Kamera prompt den Geist aufgegeben hat. (Was nutzt dem Mädchen in Wladiwostok nun die Garantie?) Auch diese Tour geht zu Ende, und die Stadtrundfahrt beginnt. Für die bekommen wir ALEX - einen ausreisebereiten Rußlanddeutschen, als Fremdenführer zugeteilt. Wir hören viel Interessantes aus der Stadtgeschichte, in der hamburgische Kaufleute, u. a. die Firma Kunst & Albers, eine nicht unbeträchtliche Rolle spielten.

Wladiwostok war bekanntlich mehrere Jahrzehnte militärisches Sperrgebiet, und das sieht man der Stadt auch an: Sie ist total heruntergewirtschaftet. Dabei könnte sie es bei ihrer phantastischen Hügellage am Meer durchaus mit San Franzisko oder Istanbul aufnehmen. - Ein Goldenes Horn wie die Stadt am Bosporus hat sie ja schon. Leider sind diese beiden Merkmale auch die einzigen, die sie mit den beiden Vorbildern gemein hat. Von einem Hochplateau haben wir nochmal einen Blick über die ganze Stadt. Der Eindruck von oben ist aber auch kein besserer.

Ich kaufe ein kleines Wladiwostok-Wappen als Stocknagel. Es ist eine Miniatur des Denkmals der Revolution von 1810 auf dem großen Platz, den wir anschließend besuchen. Ein repräsentativer Platz, aber eben, wie alles andere auch, heruntergekommen. Das Wappen kostet 4.000,- Rubel, die ich mir von Camilla borge. Sie versteht aber „vierzigtausend“ und gibt mir auch soviel. Ich gucke gar nicht hin, was sie mir in die Hand drückt, sondern reiche es an den Händler weiter und kaufe einen 20-Pfennig-Artikel für umgerechnet 12,- Mark. Als Camilla sich über den Preis wundert (es waren auch ihre letzten Rubel) komme ich dahinter, wieso der Händler sich so übertrieben bedankt hat. Zurückgegangen haben wir Glück: Er rückt die 36 000 Rubel wieder heraus. Zum Mittagessen, nach der Stadtrundfahrt, gibt es Borschtsch, (jawohl eine Frikadelle!) diesmal paniert, einen Salat und Tee. Dann geht es zurück ins Hotel, ich mache es mir am Fenster bequem und blicke - in Gedanken schon nicht mehr ganz hier - auf das Japanische Meer hinaus...

Den letzten Abend verbringen wir alle zusammen im Restaurant. In der Bar, eine Treppe höher, gibt es kaum Besseres, und die Preise sind obendrein unverschämt. Eine Menge Japaner sind da. Sie sind, wie sie mir erzählen, allesamt Firmenvertreter, die in Wladiwostok gute Geschäfte machen oder sich solche versprechen.

Am nächsten Morgen, der 14. Reisetag, gehe ich noch mal in die Stadt. Ich will mir noch was in eigener Regie ansehen und eine Flasche des bewährten „Hustensaftes“ kaufen; denn meine Erkältung meldet sich zurück. Camilla kommt mit. Zuerst zum Bahnhof. Wir inspizieren das neue Gebäude außen und innen und gehen dann zum Bahnhofspier, wo gerade ein paar schöne, weiße Schiffe liegen. Wir machen ein paar Fotos und treffen bald darauf den Alfons, unseren Weltenbummler. Der hat inzwischen angefangen zu tun, was viele tun, nämlich auf Reisen die nächste Reise auszuarbeiten; und seine nächste soll ihn ja, wie er schon im „BAIKAL“ erzählte, nach Kuba führen. Camilla aber will zunächst nur auf die Post. - Ein imposanter Glasbau, der keine hundert Meter vom Hafenbecken den Bahnhofsplatz nach Westen hin begrenzt. Wir gehen zusammen hinein. Camilla gibt Briefe auf. Ich sehe mir das Briefmarkenangebot an. Wieder draußen, kaufe ich an einem Kiosk eine Flasche Wodka für 10.000,- Rubel, und die Folgen sind erwähnenswert: Ich fühle mich, wie schon gesagt, nicht besonders, und Camilla, die nicht nur eine Mordsstimme, sondern auch einen respektablen Zug am Leibe hat, fühlt „solidarisch mitleidend". Und so nehmen wir wie ein Stadtstreicherpärchen in heimatlichen Fußgängerzonen noch vor dem Kiosk abwechselnd die Flasche vor den Kopf, erweisen dem Nationalgetränk unserer Gastgeber öffentliche Ehrerbietung und versichern uns bei jedem Wechsel, wie gut das tut. Nach dem vierten, fünften Wechsel fällt uns ein, daß man uns im Hafen von New York „FOR DRINKING IN PUBLIC" einlochen würde. Doch *Rußland ist groß, und New York ist weit* - Also genehmigen wir uns noch einen Schluck und räumen Arm in Arm den Hafen von WLADIWOSTOK.

Die Wände des geschichtsträchtigen Lokals, das wir als letztes vor der Abfahrt zum Flughafen noch besuchen, sind mit den Portraits von hochwohlgeborenen Persönlichkeiten aus der Stadtgeschichte Wladiwostoks dekoriert, und unter den gestrengen Blicken von lange Dahingeschiedenen essen wir schnell noch zu Mittag. Anschließend ist gerade noch Zeit ein Bier, und das zahlt Rudi für mich, weil das einzige Geld in meinen Taschen die gefundene japanische Lochmünze ist. Über diese kommen wir nun auf die kleinen Japanermöbel zu sprechen, und mit einem lästerlichen Rückgriff auf die Märchenwelt denke ich laut darüber nach, ob einer der Japaner, die sonst hier sitzen, wohl fragen werde: „Wer hat auf meinem Stühlchen gesessen?" Claudia, die damit auch das letzte Wort haben soll, kann mit „wer hat von meinem Tellerchen gegessen?" gerade noch den Faden aufnehmen, als ANATOL zum Aufbruch drängt. Mit dem Abschied am Zaun des Rollfeldes von Wladiwostok enden seine „Prüfungen".

ANATOL hat mit Glanz bestanden.

- Mein Recorder stoppt.

-.-.-.-.-.-.-.-.-.-.-.-